Bibliografische Information der Deutschen Bibliothek

Marxen, Bernhard:

Gesetzlicher Zusammenhang der Welt:

Beitrag zur
Synthese und Reduktion von Information

ISBN 978-3-9812389-8-3

Erste neue Ausgabe 2017

Ethos-Verlag, Postfach 1103
D-21231 Buchholz i. d. N. (**auch für direkte Bestellungen**)
Internet: **www.ethos-verlag.de**

Herstellung: Books on Demand GmbH, Norderstedt (bei Hamburg)

Literatur:

Das Lehrbuch *Linder, Biologie (Gesamtband)* ist als „Rahmen“ für diese Abhandlung benutzt worden. Hrsg.: H. Bayrhuber u. U. Kull, Schroedel, 22. Auflage, Braunschweig 2005.
Weil die Abhandlung als Neubearbeitung eines Kapitels meines zweiten Buches gilt, sei auf die Literaturliste der folgenden Seite gewiesen. Aus den dort aufgeführten Büchern bzw. ihren Quellen sind zudem Textstellen herangezogen worden.

Von Bernhard Marxen liegen vor - als Beitrag zur Modellierung der Welt insgesamt (in dreißig Jahren erarbeitet und mehrmals überarbeitet):

1. Entwicklungslinien naturphilosophischen Denkens in der Auseinandersetzung zwischen Materialismus und Idealismus *(132 S., nur die aus 2008 stammende Auflage ist gültig)*
2. Modellsystem der realen Welt: Beitrag zur Synthese und Reduktion von Information *(interdisziplinär, 280 S., erste neue Ausgabe 2017)*
   - Welt als Information und Aufgabe
   - Gesetzlicher Zusammenhang der Welt
3. Die Aufgabe: Zum sittlichen Recht *(116 S., erste neue Ausgabe 2017)*
4. Weltweit denken - Ortsnah handeln: genetischer Eingriff an der kapitalistischen Gesellschaft *(176 S., nur die aus 2007 stammende Auflage ist gültig)*
5. Auf Wegen zum innersten Licht *(der Jugend gewidmet, 428 S., erste Auflage 2006)*
6. Die Religion Abrahams: Judentum - Christentum - Islam *(216 S., erste Auflage 2005)*
7. Entschlüsselte Religion: Epoche des „dritten Tags" *(64 S., Auflage 2013/2015, erste neue Ausgabe 2017, veralteter Titel: A-B-C der Religion)*
8. Gesetzlicher Zusammenhang der Welt *(76 S., erste neue Ausgabe 2017, siehe 2.)*
9. Meine Heimat sei gelobt: Geschehen am Waldsee *(36/64 S., erste/erw. neue Ausgabe 2017)*
10. Allgemeine Statuten des Vereins durchsichtige Parteien (VdP e.V.): Satzung - Geschäftsordnung - Grundsatzprogramm *(48 S., erste Version 1989, neue - gemeinnützige - Version 2017)*

Die genannten Bücher stellen eine Einheit dar. Als Modellsystem sind sie zielgerichtet und in sich schlüssig - in naturgesetzlichen Zusammenhängen! Das **erste** Buch gilt als Grundlage für das **zweite**, auf dem das **dritte** bzw. **vierte** (reich bebildert) aufgebaut ist.

Das **fünfte** Buch - mit autobiographischem Anteil - ist die „Wurzel" der genannten Bücher. Es kreist um ein rätselhaftes Geschehen, das dem Autor vor Jahrzehnten widerfuhr. Weil alle Deutungen mangelhaft gewesen sind, hat er es verdrängt und vergessen. Unbewusst aber ist er den Weg gegangen, der ihm gewiesen wurde. - Er ringt um Erkenntnis, durchdringt Theorien und Philosophien. Politische Arbeiten folgen, theoretisch und praktisch. Nach langer Suche erst, im „fernen Land", erkennt er ein *Leuchtbild* und findet seine Seelenruhe.

Das **sechste** Buch ist ein Ausschnitt des **fünften**.

Das **siebente** Buch ist eine notwendige Ergänzung des **sechsten** und **fünften**.

Das **achte** Buch ist ein Ausschnitt des **zweiten** (siehe dort). Mit ihm erst ist das *Prinzip der kleinsten Wirkung* bzw. *des kleinsten Aufwands* neu erkannt und wegen seines natürlichen und universellen Charakters auf das 3. und 4. Buch bezogen worden - als *neues Paradigma* auch für Ethik, Politik bzw. Parteiarbeit. Die Ethik gehört, begrenzt, zur Naturwissenschaft.

Mit dem **neunten** Buch ist das rätselhafte Geschehen endlich entschlüsselt - auf Grund der kantschen „Kritiken". Übrig bleibt dennoch ein „Rest", der als Berufung gedeutet wird.

Dreistelliges Modellsystem (Subjekt - Modell - Objekt)

Die Kreise meinen die Bücher des Autors, die zusammen eine Einheit bilden und in sich schlüssig sind (Kreisgröße und Seitenzahl stehen in keiner Beziehung zueinander). Nur die Bücher 1, 2, 3, 4/10, 8/9 kennzeichnen das Modellsystem. Die Bücher 5, 6, 7 sind von religiöser Art, dem Modellsystem sind sie aber verhaftet.

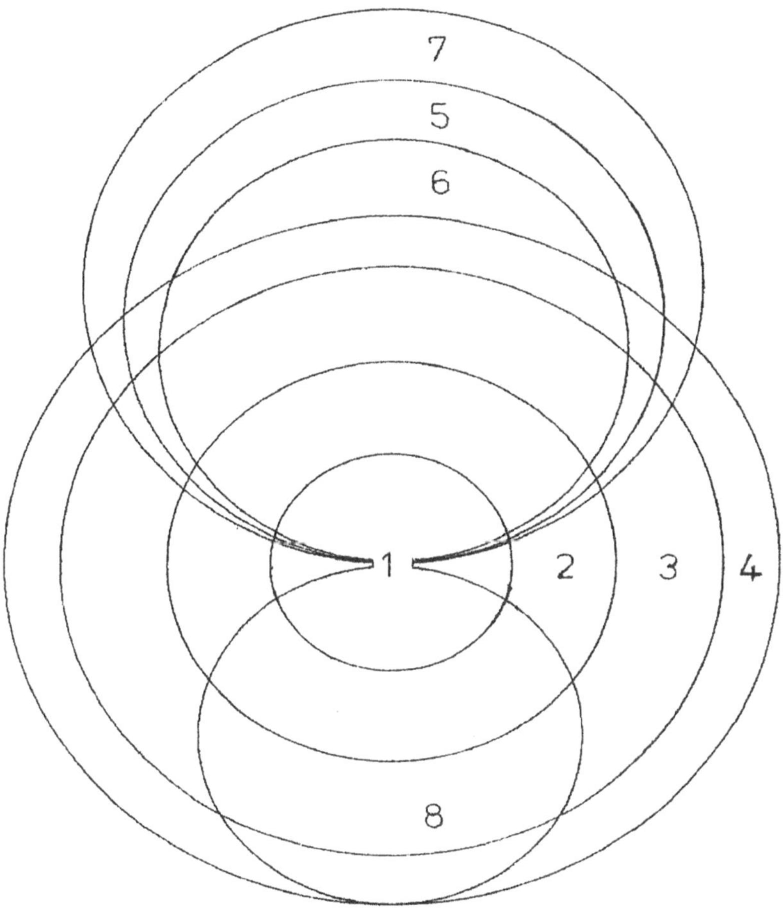

Die Bücher 1 bis 10 könnten *einbändig* herausgegeben werden. Titel: „Modellsystem der realen Welt ...“. Reihenfolge: 5 - 7 - 9 - 1 - 2 - 3 - 4 - 10 (das 8. Buch ist im 2. enthalten; das 6. Buch ist im 5. enthalten; das 10. Buch ersetzt die Statuten im 3. und 4.; die Seitenziffern eines jeden Buches sollten nicht verändert werden).

Das 9.* Buch (erw. Ausgabe) enthält Gedichte und Anmerkungen des Autors.

Inhaltsverzeichnis

Vorwort

Mit dieser Arbeit habe ich erledigt, was mir seit langem als wichtig erschien. Das *3. Kapitel meines zweiten Buches* ist nur Entwurf gewesen und musste überarbeitet werden, auch wegen seiner zentralen Stellung. Der gesamte Inhalt des Buches ist darauf bezogen, ja das tiefere Anliegen meiner Schriften insgesamt, einschließlich meiner ethischen Überzeugungen. Was mir als Student bereits missfiel, habe ich bis heute zurückgewiesen. Weil ich das Fach Physik studiert habe (Lehramt) und mich für Naturphilosophie interessiere, hat die Frage nach einer natürlichen Gesetzeseinheit mich beschäftigt, auch wegen eines „Geschehens“ vor vielen Jahren, das ich nicht erklären konnte und deshalb verdrängte. Erst nach zwanzig Jahren erinnerte ich das Geschehen: Ich erkannte, dass mein Leben entsprechend verlaufen war. Nun habe ich meine Suche beendet, habe den „Beitrag zur Synthese ...“ endlich fertiggestellt. In ihm ist die *natürliche Gesetzeseinheit* definiert, begründet und anhand von *Katalysen* belegt worden - unter physikalischem, biologischem und ethischem Aspekt. Nicht nur physikalisch habe ich die Gesetzeseinheit begründet, sondern biologisch und ethisch ebenfalls. Einen interdisziplinären Charakter haben meine Schriften erhalten.

Ohne *Spekulation* lässt sich keine Theorie entwickeln, was A. Einstein hervorgehoben hat. Seine Methode führt nicht von den Tatsachen zur Theorie, sondern umgekehrt, von der Theorie zu den Tatsachen. Wissenschaftliche Theorien lassen sich spekulativ entwickeln und bezüglich ihrer Konsequenzen deduktiv weiterverfolgen. Ihre Voraussetzungen können zum einen erkenntnistheoretisch, von der Beziehung des Wissenschaftlers zum Objekt der Untersuchung abhängig sein, zum andern ontologisch, von der Beziehung des Wissenschaftlers zum Objekt der Untersuchung nicht abhängig sein. Im *Wahrscheinlichkeitsbegriff* der Quantenmechanik sind beide Beziehungsarten berücksichtigt.

Meine Bücher habe ich selbst redigieren müssen. Mögliche Schreibfehler möge man entschuldigen. Im Text stehen eingeklammerte Ziffern, beispielsweise (8.3.2). Als Kapitelnummerierungen weisen sie auf Textstellen, die man nachlesen, aber auch übersehen könnte.

Buchholz i.d.N. 2010/2012 Bernhard Marxen

1. Gesetz der Natur und Begriffsbestimmung

Seit Jahrhunderten ist die Frage gestellt worden, ob sich die Welt gemäß eines natürlichen Gesetzes entwickelt habe oder nicht. Unter *„Welt"* verstehe ich ein „Modell" der wirklichen Vorgänge einerseits und der gesetzmäßig bestimmten Erlebnisse bzw. Bewusstseinserfahrungen andererseits, also eine gesetzmäßig bestimmte Außen- und Innenwelt. Zum besseren Verständnis sei der Begriff der Gesetzmäßigkeit ebenfalls festgelegt, den ich auf das Gesetz der Natur beziehe, also nicht auf das staatliche Gesetz, das ein vom Gesetzgeber erlassenes System von Geboten und Verboten darstellt. Dem Gesetz der Natur müssen die Potenzialitäten, die mit Hilfe des staatlichen Gesetzes aufgebaut werden, jedoch folgen.

Unter *„Gesetzmäßigkeit"* verstehe ich einen „bedingten und geordneten Zustand" - gemäß Gesetz der Natur (Naturgesetz oder natürlichem Gesetz). Bezieht man dies auf die erwähnte Außen- und Innenwelt, so tritt das Naturgesetz nie rein auf, sondern nur bedingt, und zwar zweiseitig: als Außenwelt und als Innenwelt des Menschen. Um diesen Sachverhalt zu verdeutlichen, muss das Gesetz der Natur definiert werden, um von ihm aus argumentieren zu können.

Materie und Energie sind gleichgesetzt. Unter dem *„Gesetz der Natur"* verstehe ich eine „natürliche Gesetzeseinheit", ein „statisches bzw. dynamisches Energiefeld", demzufolge - unabhängig vom Bewusstsein - das Naturgeschehen verläuft, sowohl im Mikro- als auch Makrobereich, aber nicht nur als physikalisches, sondern auch als biologisches und ethisches Gesetz. Um die Gesetzeseinheit besser fassen zu können, wird von physikalischem, biologischem und ethischem Gesetz auch gesprochen, überdies - im Zustand der Bedingtheit - von entsprechenden „Segmenten". Wegen der Einheit der Gesetze bzw. Segmente ist die Frage, ob die das Leben bestimmenden „Gesetze" vom physikalischen unabhängig bzw. dessen Folge sind, überflüssig. Die Systembiologie versucht zwar, Zellen zu simulieren und auf der Grundlage des physikalischen Gesetzes zu erklären. Jedes Lebewesen zeigt jedoch auch Eigenschaften, die man physikalisch nicht beschreiben kann. Im physikalischen Segment liegen die chemischen Reaktionen und Verbindungen: Physik und Chemie sind mit der Quantenmechanik vereint. Die verschiedenen Segmente sind am Inhaltsverzeichnis erkennbar!

Hier sei kurz angemerkt, dass sich physikalische Begriffe von umgangssprachlichen häufig unterscheiden, auch der Begriff *„Struktur"*, der im Sinne von „Ordnung“ und „Relation“ verstanden wird. Mehr dazu später.

Materie folgt dem Gesetz der Natur, hat Struktur und trägt Information, sodass Bedingtheit vorliegt, und zwar zweiseitig: einerseits als Umweltstruktur, andererseits als Gehirnstruktur. Beide Strukturen sind wechselseitig aufeinander bezogen, tragen Informationssysteme, die sich verändern müssen: Das zweite nimmt das erste selektiv wahr, ergänzt sich selbst und deutet das erste mit veränderter Struktur usw. Nicht das zweite allein ist verändert worden, auch das erste verhält sich dialektisch, doch viel schwächer - mit Ausnahme im Mikrobereich. Das Naturgesetz folglich kann nicht rein auftreten, nur als Umwelt- und Gehirnstruktur, deren Informationen wechselwirken, sich dem Bewusstsein ggf. aufdrängen.

Jede Struktur ist dem Naturgesetz gemäß, egal ob Umwelt- oder Gehirnstruktur, ohne die individuelle Freiheit leugnen zu wollen. Als Struktur muss das Naturgesetz gedeutet werden, wobei Symbole und mathematische Gleichungen hilfreich sind. Entsprechend wird das Naturgesetz als Beziehungsgeflecht zwischen Symbolen und Gleichungen aufgefasst, dessen Information natürliches Geschehen widerspiegelt.

2. Hypothese und Nebenerklärungen

Auf der Grundlage des physikalischen Gesetzes allein lassen sich die Phänomene des Lebens und der Selbstorganisation nur zum Teil erklären (Kybernetik, 4.2.1). Durch Annahme einer natürlichen Gesetzeseinheit, die unter physikalischem, biologischem und ethischem Aspekt aufgefasst wird, lassen sich neue Zugänge schaffen und bisher ausgegrenzte Phänomene auf die Evolutionstheorie der Lebewesen beziehen. Ergänzend zum Modell der Physik wird eine *physikalisch-biologische „Grundgröße"* vorgeschlagen: das *Lebensquant „j"*, das wahrscheinlich die Grenzen zur Biologie und zur Ethik überbrücken hilft (8.3.1/9.2). Diesbezüglich sei betont, dass das Lebensquant zunächst nur als ein Ergebnis der „spekulativen *Vernunft*" (Kant) eingeführt wird - ohne experimentellen Nachweis. Diese Spekulation könnte anregen, sollte erlaubt sein, zumal die gesamte Natur als Einheit gesehen wird. Eine scharfe Unterteilung zwischen belebter und unbelebter Materie wird nicht gemacht. Ein Gesetz allein, die natürliche Gesetzeseinheit, wird hier angenommen (Hypothese) und mit Tatsachen aus der Wissenschaft und der Welt des Menschen belegt. Als „individuell" übrigens muss die Gesetzeseinheit hier angenommen werden - ohne Interdependenz.

Als Beleg werden Katalysen behandelt, nicht nur hinsichtlich des physikalischen, sondern auch des biologischen und ethischen Segments. Unter *„Katalyse"* verstehe ich eine „Reaktion" auf eine Einflussnahme: auf Stoffe und organische Substanzen, auf Gebärden und andere Sinnesreize.

Tatsachen höherer Ordnung weisen auf eine ganzheitliche, nicht in Teile zerlegbare Struktur der Welt, auf die universelle Bedeutung der *Subjekt-Objekt-Beziehung,* die den Begriff der Ganzheit in die Physik eingeführt hat - eines der wesentlichen Kennzeichen psychischer und geistiger Phänomene. Das Bewusstsein, das eine solche Ganzheit darstellt, ist nicht imstande, ein *Phänomen* in Teilphänomene zu zerlegen, ohne gleichzeitig das Phänomen selbst und seine zukünftige *Wirkung* zu verändern. Bei Betrachtung von Strukturen atomarer Größe, die auch im Gehirn existieren, ist ein Bild erkennbar, das sowohl Wellen- als auch Teilcheneigenschaften zeigt. Dieser Dualismus von Licht und Materie, oder genauer: des kontinuierlichen Feldaspekts und diskontinuierlichen Teilchenaspekts, ist Beweis dafür, dass der Beobachter samt seiner Apparatur als Bestandteil des Phänomens gelten muss. Mit dem *Planck*schen Wirkungsquantum und den *Heisenberg*schen Unbestimmtheitsrelationen ist das Phänomen relativiert, von seiner Umwelt aber nicht losgelöst.

Als Ganzheit setzt sich jede Wirkung aus zwei Bestimmungsgrößen zusammen, die ein *„komplementäres Gegensatzpaar"* bilden: Wächst die eine, schrumpft die andere, was die objektive Erkenntnis - die neurologische Information des Gehirns - begrenzt und unbestimmt macht (Mangel an Objektivität). Mit den Unbestimmtheitsrelationen wird eine Grenze aufgedeckt, die nicht in der menschlichen Unzulänglichkeit, sondern im Wesen der Natur gründet. Hinter der Grenze liegt wahrscheinlich ein System von Eigenschaften (primäre Klasse von Systemstrukturen), das *„metaphysische Ordnung"* hier genannt wird (9.1).

Als komplementäres Gegensatzpaar gelten im physikalischen Segment die Größen „Ort und Impuls" oder „Zeit und Energie". Niels Bohr hat den Begriff der *Komplementarität* geprägt, ein Begriff, der die verschiedenen Eigenschaften ein und derselben Sache meint. Diese Eigenschaften sind keine unabhängigen Größen, vielmehr sind sie miteinander verkoppelt, sodass jede die andere bei der Zustandsbeschreibung ergänzt und ihr zugleich entgegengesetzt ist (Gegensatzpaare). Gemeinsam mit anderen Grundbegriffen der modernen Physik, aber auch mit Blick auf längst bekannte Gegensatzpaare wie Ursache und Wirkung (Kausalität), These und Antithese gehört die Komplementarität zu einer neuen Denkform, deren Anwendbarkeit sich auf alle Elemente und Systeme erstreckt.

Als *logische Erweiterung* des klassischen Kausalbegriffs ist die physikalische Komplementarität gedeutet worden, überdies als Spezialfall einer universellen Tatsache, die allen Segmenten der Natur eigen wäre, also auch dem biologischen und ethischen Segment. Von Bohr selbst sind die Begriffspaare des Fühlens und Denkens, der Liebe und Gerechtigkeit genannt worden, die übrigens zur *„Goldenen Regel"* gehören: zum Grundgebot der jüdisch/christlichen Religion (Bibel, Mt 22,36-40). Andere Beispiele sind auf die Determiniertheit bzw. menschliche Freiheit bezogen, stammen aus der Soziologie, der Ethik und Ästhetik, sind in modernen Systemtheorien enthalten.

Mit Blick auf Geburt und Tod, Wachstum und Zerfall muss die Gesetzeseinheit als Ganzheit aufgefasst werden, als *elementare* ebenso wie als *universelle* Ganzheit. Zwar existieren überwiegend „ungestörte Atome" im physikalischen Segment, nicht jedoch im biologischen und ethischen. Entsprechend wird die Gesetzeseinheit, wie erwähnt, als „statisches bzw. dynamisches Energiefeld" aufgefasst, das mit jedem Organismus (in dessen Wirkungssphäre) *auf- und abgebaut* wird, das nur im physikalischen Segment mehr ruht als sich bewegt.

Weil das Gesetz der Natur nie rein, nur bedingt und - im Erkenntnisprozess - zweiseitig auftritt, muss die wahre Welt uns verborgen bleiben. Unser Wissen von der Außen- und Innenwelt kann nur begrenzt und modellhaft sein, was stets vorausgesetzt wird. Die genannte Hypothese soll nicht falsifiziert bzw. verifiziert werden. Das würde den Rahmen dieser Arbeit sprengen! Nur Hinweise auf Lücken in der Evolutionstheorie sowie *Anregungen,* einige Lücken vielleicht überbrücken zu können, sind mit der Hypothese und deren Beleg beabsichtigt.

3. Freiheitsproblem

Bewusst ist mir, dass die Annahme einer natürlichen Gesetzeseinheit und deren Anwendung auf biologische und ethische Phänomene auch abgelehnt wird, nicht zuletzt wegen des Freiheitsproblems, das sich auf den Begriff der Wahrscheinlichkeit oder des Zufalls beziehen lässt. Schon hier sei auf die *„Auflockerung der Kausalität"* gewiesen, auf die Einschränkung der Voraussagbarkeit atomaren Geschehens gemäß statistischem Gesetz der Zufälligkeit (Wahrscheinlichkeitsverteilung für zukünftige Zeitpunkte). Nach ihm ist das Verhalten eines Teilchens innerhalb eines Spielraums von Möglichkeiten grundsätzlich frei, keinem Naturgesetz *sozusagen* unterworfen. Erst der statistische Durchschnitt des Verhaltens zahlreicher Teilchen oder Wiederholungen eines Geschehens ergibt verwertbare Daten für wissenschaftliche Voraussagen. Von statistischer Art folglich sind die Gesetze der Quantentheorie (Quantenmechanik), also das Gesetz der Natur ebenfalls, oder besser: das zu schaffende Modell davon.

In der klassischen Physik ist strenge Kausalität bzw. Determiniertheit vorausgesetzt worden, was der „*Laplace*sche Dämon" veranschaulicht. Mit der Quantenmechanik hat sich das Bild grundsätzlich verändert, vorzugsweise bezüglich atomarer Dimensionen. Kein Zweifel an der Kausalität bzw. Determiniertheit kommt hingegen auf, wenn sich die Berechenbarkeit im Einzelnen noch als undurchführbar erweist, was an der Wettervorhersage erkennbar ist. Trotz quantentheoretischer Kenntnisse zweifelt niemand daran, dass die spürbaren Wettervorgänge kausalistisch aufgefasst und berechnet werden. Statistische Mittelwerte werden deshalb gewählt, weil die Zusammenhänge zu kompliziert und mit der notwendigen Strenge nicht berechenbar sind. Diese statistischen Werte unterscheiden sich von quantentheoretischen, in denen sowohl *erkenntnistheoretische* als auch *ontologische* Unbestimmtheiten enthalten sind. Die Wetterberechnung ist auf das physikalische Segment der natürlichen Gesetzeseinheit bezogen.

Bei der Radioaktivität, die alle Segmente der natürlichen Gesetzeseinheit berührt und auf *metaphysisches* Geschehen schließen lässt, müssen quantentheoretische Tatsachen einbezogen werden, weshalb die Auffassung vorherrscht, dass die Determiniertheit zurückgedrängt bzw. der Kausalzusammenhang aufgelockert ist. Sollte ein Beobachter trotzdem feststellen wollen, wann z.B. ein bestimmtes Radiumatom zerfällt, so erwiese sich das als undurchführbar. Der Zerfall erschiene zufällig, scheinbar ohne Ursache. Dem *„Laplace*schen Dämon" würde die Vorausberechnung wahrscheinlich ebenso wenig gelingen. Jedes Radiumatom besitzt zwar, gemäß statistischem Zerfallsgesetz, eine *Neigung* zum Zerfall, doch innerhalb des noch verbleibenden Spielraums liegt kausale Bestimmung für den Zerfall des einzelnen Atoms wahrscheinlich nicht vor. Diese *Auflockerung der Kausalität* könnte im Nervensystem ebenfalls wirken, könnte das menschliche Bewusstsein beeinflussen.

3.1. Ontologische Betrachtung

Der Begriff der Kausalität lässt zwei verschiedene Arten zu, von denen die eine stärker als die andere ist - mit umgekehrten Freiheitsmaßen. Die stärkste Art meint Determiniertheit (Gleichheit von Kausalität und Determiniertheit), so in der klassischen Physik und den *Einstein*schen Relativitätstheorien. Dies veranlasste Einstein zu dem Satz: „Gott würfelt nicht." Dass das Würfelspiel auch ontologisch auf das Objekt bezogen sei: nicht nur erkenntnistheoretisch auf das Subjekt bzw. die Grenze des wissenden Verstandes, glaubte er nicht. Nach ihm darf der Wahrscheinlichkeitsbegriff nur erkenntnistheoretisch auf das Subjekt und die Fehlertheorie bezogen werden, nicht zusätzlich ontologisch auf die künftige Verteilung des Objektes durch sich selbst. Wenn jedoch die Zustandsfunktion quantentheoretisch gefasst und das menschliche Bewusstsein einbezogen würde, dann könnte die Schlussfolgerung lauten: Gott würfelt. Im Würfelspiel allerdings hätte der Mensch auf Grund des ihm zuerkannten Spielraums, sprich: der ihm zuerkannten Freiheit, eine Rolle zu übernehmen, die durch die Ethik bzw. Religion gegeben wäre.

Auf „ontologische Potenzialität" könnte das Phänomen der Kausalität zurückgeführt werden. Die stärkste Art, mit geringster Freiheit, könnte man *ontologische* Determiniertheit nennen. Sowohl atomare als auch molekulare Systeme müssen quantentheoretisch betrachtet werden, wobei die schwächere Art erst im biologischen Segment zum Tragen kommt! Anders als im physikalischen Segment, wo die stärkere Art vorherrscht, trägt jedes biologische System, bis zur menschlichen DNA, ein Ziel in sich (teleologische Kausalität), das als Veränderung in der Zeit, als Zustandsfunktion zweier Zeitpunkte, definiert werden könnte. Weil jedes Segment mit den anderen verbunden ist, müsste die schwächere Art aus der stärkeren entstanden sein: aus der metaphysischen Ordnung mit der stärksten Art der Kausalität. Bei der schwächeren Art, im biologischen Segment, kommt die ontologische Potenzialität erst zum Tragen. Zum Gesetz der Natur muss sie in jedem Fall gehören.

Unter *„ontologischer Potenzialität"* verstehe ich eine „Erst-Ursache", eine „Neigung" zum Aufbau von Strukturen verschiedener Eigenschaften, die vom niedrigsten bis zum höchsten System sich erstrecken - als Ursache-Wirkungs-Kette (teleologische Kausalität). Mehr dazu in 9.4.1.

3.2. Quantenzahl und Wahrscheinlichkeitsbegriff

Das Wirkungsquantum bezieht sich auf den Betrag der Wirkung ($n \cdot h$) eines jeden Elements bzw. Systems. Wenn die Quantenzahlen eines beobachteten Systems klein sind, was bei neurologischen Phänomenen zutrifft, dann sind die Unbestimmtheiten hinsichtlich Position (Weg) und Bewegungsgröße (Impuls) der Massen des Systems bedeutsam. Dasselbe gilt für die Wahrscheinlichkeitszahlen, die sich auf die Positions- und Bewegungsgrößen in den Zustandsfunktionen beziehen. Wenn die Quantenzahlen eines Systems jedoch groß sind, dann spielen die Unbestimmtheiten bzw. Wahrscheinlichkeiten in den Zustandsfunktionen praktisch keine Rolle, was z.B. bei der Wetterberechung im physikalischen Segment berücksichtigt wird. Statt der Quantenmechanik wird für solche Berechungen die klassische Physik mit ihrer stärkeren Art der Kausalität herangezogen, und zwar als „Unterart" der schwächeren im biologischen Segment. Die schwächste Art der Kausalität bzw. Determiniertheit (kleinster Zwang) herrscht folglich im ethischen Segment, die stärkste (größter Zwang) in der metaphysischen Ordnung, wo Ursache und Wirkung wahrscheinlich zusammenfallen. Einsteins Satz: „Gott würfelt nicht", ist so gesehen wahr (Gott ist metaphysisch versteckt und dem ethischen Segment zugewandt). Der Materie hätte er eine ontologische Potenzialität verliehen, hin zu den höheren Segmenten, in die das Gesetz der Natur hineinwächst und in denen, wegen schwächerer Kausalität, die Freiheitsräume aufgeweitet sind!

Der Wahrscheinlichkeitsbegriff der Quantenmechanik hat neben der ontologischen eine erkenntnistheoretische Bedeutung, die sich darauf bezieht, wie weit auf Grund menschlicher Fehler die Ergebnisse eines Experiments von denen der Theorie abweichen und dennoch als Bestätigung der Theorie gelten dürfen. Zur erkenntnistheoretischen Bedeutung gehört zudem die Auswirkung des vollzogenen Experiments auf das erkannte Objekt. Allein die Tatsache des Beobachtens nämlich verändert das beobachtete Objekt, wenn dessen Quantenzahlen klein sind. Weil der Wahrscheinlichkeitsbegriff die Unvollkommenheit des Beobachters und dessen Apparatur einbezieht, dürfen weder der Beobachter noch das Objekt als isolierte Systeme angesehen werden. Man muss berücksichtigen, dass das

Objekt, welches nach den Methoden der Quantenmechanik behandelt wird, in Wirklichkeit nur ein Teil eines viel größeren Systems ist: letztlich des *Universums!* Besonders im ethischen Segment - bei der schwächsten Art der Kausalität - müsste das Universum zum Objekt gehören - ebenso der Beobachter. Diese Tatsache weist auf Naturkonstanten von universeller Art: die *Lichtgeschwindigkeit c* und das *Wirkungsquantum h.* Zum vollständigen Bild der Materie aber muss mindestens eine weitere Naturkonstante gehören: eine universelle Größe, die das „Leben" mitbestimmt. Wenn man allgemeine Kenntnisse der Physik berücksichtigt, dann sollten gewisse Symmetrien beachtet werden - in Strukturen mathematischer Gleichungen (8.3.2).

Weder ontologisch noch erkenntnistheoretisch kann die Physik neutral bleiben, wegen des erweiterten Wahrscheinlichkeitsbegriffs. Zweifellos sind Potenzialität und Art der Kausalität für die Funktion des Nervensystems bedeutungsvoll, dessen Phänomene als Korrelate der Gefühle, Gedanken und Erkenntnisse gelten könnten. Im ethischen Segment (kleinster Zwang) lebt der Mensch, dessen Gewissen sich ggf. aufdrängt. Wenn das empirisch Bestätigte in der Ontologie mit den Prinzipien der Moral: des Guten und Gerechten in der Geisteswissenschaft, gleichgesetzt würde, dann wären Grenzen von *naturgesetzlicher* Art gegeben, dann erhielte man eine naturwissenschaftliche Ethik, eine Jurisprudenz des Naturrechts, dem die Politik (staatliches Gesetz) verpflichtet wäre.

Im ethischen Segment wirkt das *individuelle Gewissen* als ontologische Grenze größtmöglicher Freiheit, die durch das Sittengesetz (Kant) und die Goldene Regel (Bibel) verstärkt werden sollte. Als Korrelate des individuellen Gewissens sollten beide gelten, die zu einer *„allgemeinen* Gesetzgebung" auffordern: zur Gleichheit der Rechtssetzung (Art. 1(3) GG). Die Politik wäre der Ethik (Religion) verpflichtet, die - begrenzt - als *Naturwissenschaft* gelten könnte (10).

4. Katalytische Reaktionen

Ich beginne mit der Katalyse allgemein und behandele danach ihre verschiedenen Aspekte. Die Begriffe „Auslöser“ und „Substrat“ werden allgemein benutzt. Im Rahmen dieser Arbeit können nur *Hauptlinien* dargestellt werden. Das gilt auch für die Segmente der natürlichen Gesetzeseinheit, die nach „oben“ hin wachsen und ins physikalische Segment ständig zurückfallen (Tod des Organismus). Die natürliche Gesetzeseinheit ist, wie erwähnt, ein „statisches bzw. dynamisches Energiefeld“, das mit jedem Individuum *auf- und abgebaut* wird (am höchsten beim Menschen) - bezogen auf dessen Wirkungssphäre.

Freiheit stößt auf Grenzen, die dem Gesetz der Natur entsprechen. In einem bekannten Versuch wurde eine junge Löwenzahnpflanze durch Längsschnitt halbiert und ihre Hälften an verschiedenen Orten eingepflanzt. Die eine Hälfte im Tiefland, die andere im Hochgebirge. Als erbgleiche Pflanzen entwickelten sich beide Hälften ganz verschieden. Die Tieflandpflanze zeigte hohen, kräftigen Wuchs, war kahl und hatte eine kurze Wurzel, die Hochgebirgspflanze zeigte niedrigen Wuchs, war behaart und hatte eine lange Wurzel. Wird ein Nachkomme der Hochgebirgspflanze nach mehreren Generationen ins Tiefland zurückverpflanzt, so entwickelt er sofort wieder die Tieflandsform. Ähnliche Schwankungen zeigen sich an anderen Pflanzen, viel mehr an Tieren und Menschen. Die Beschaffenheit eines Lebewesens (Phänotyp) wird durch Wechselwirkung von Anlage- und Umweltfaktoren bestimmt, wobei allele Gene inbegriffen sind.

Umweltkomplexe wie Temperatur, Druck, Konzentration verursachen Modifikationen am Merkmal, und zwar in verschiedenen Breiten. Nicht die Modifikation ist erblich, sondern nur deren obere und untere Grenze, d.h. der Spielraum für Modifikationen (Freiheit). Ein Umweltfaktor kann nur so weit eine Wirkung ausüben, wie der Anlagefaktor ihm entgegenkommt und umgekehrt. Jeder Umweltfaktor trägt Information (ggf. Auslöser, Katalysator), die am Anlagefaktor wirken kann. Gemeinsam mit dem Anlagefaktor, der ebenfalls Information trägt, wird das jeweilige Merkmal am Individuum festgelegt.

Anlage-Umwelt-Wirkungen finden in der biologischen Zelle ebenfalls statt, wo besondere Eiweißstoffe (Enzyme, Fermente) aufgebaut werden, die als Katalysatoren chemische Reaktionen auslösen, beschleunigen und sogar steuern. Jede dieser Reaktionen ist an ihre Gleichgewichtslage gebunden. Weil die chemische Reaktion Energieumsatz bewirkt, ist zwischen *exothermer* und *endothermer* bzw. exergonischer und endergonischer Reaktion zu unterscheiden, also zwischen solchen, die Energie (Information) an die Umgebung abgeben und solchen, die Energie (Information) aus der Umgebung aufnehmen. Nur die exergonische Reaktion verläuft *freiwillig.* Wie Wasser zweier verbundener Becken nur in jenes mit geringster Lageenergie fließt, so verläuft eine chemische Reaktion in jener Richtung, wo der kleinste Energiegehalt der entstehenden Stoffe ist (Prinzip der kleinsten Wirkung, 9.4.2). Man spricht diesbezüglich von offenen und geschlossenen Systemen - als Idealvorstellung!

Im *geschlossenen* System werden nur innere Energiereserven genutzt. Weil die chemische Reaktion zweiseitig und umkehrbar ist, entsteht ein *Gleichgewicht,* bei dem die Geschwindigkeit von Hin- und Rückreaktion gleich groß ist und das Verhältnis der Konzentration des Ausgangsproduktes zu dem des Endproduktes konstant bleibt. Dieser Zustand wird *dynamisches Gleichgewicht* genannt. In beiden Richtungen laufen die Stoffumsetzungen, heben sich sozusagen auf, sodass die Reaktion stillzustehen scheint. Weil weder Energie noch Information mit der Umgebung ausgetauscht wird, hängt die Gleichgewichtslage nur von der Energie ab, die bei der Reaktion frei oder genutzt wird.

Mit Sauerstoff werden organische Verbindungen zu anorganischen abgebaut, bleiben aber auch bestehen, weil die Geschwindigkeit zum Gleichgewicht sehr klein ist. In solchen Fällen kann durch Temperaturerhöhung oder durch Katalysator das Gleichgewicht eingestellt werden. Bei Temperaturerhöhung wird die Gleichgewichtslage schneller eingestellt und in Richtung endothermer Reaktion verschoben. Bei Einsatz eines Katalysators hingegen wird die erreichte Gleichgewichtslage beibehalten und die Reaktion beschleunigt. Der Katalysator versetzt die beteiligten Moleküle in einen *reaktionsbereiten* Zustand, verringert deren *Aktivierungsenergie,* damit die Reaktion in Gang kommt. Die Lage des Gleichgewichts kann er nicht verändern, nur die Geschwindigkeit, mit der das Gleichgewicht eingestellt wird. Weil nur eine ganz bestimmte Reaktion beschleunigt wird, ist er sowohl reaktions- als auch substratspezifisch - auf Grund der Beschaffenheit seines aktiven Bereichs (Schlüssel-Schloss-Modell). Der Stoff, auf den er einwirkt, wird Substrat genannt. In der ausgelösten Reaktion wird der Katalysator nicht verbraucht. Viele Tausend Substratmoleküle kann er pro Minute umsetzen. Im Schlüssel-Schloss-Modell tragen die Stoffe spezifische Informationen.

Im Gegensatz zum geschlossenen System ist die biologische Zelle im Stoffaustausch mit ihrer Umgebung, ist folglich ein *offenes* System im *Fließgleichgewicht.* Ihre Umsetzungen müssen mit bestimmten Geschwindigkeiten ablaufen, was durch Katalysatoren geschieht. Rückwanderung unterbleibt, weil Stoffe einerseits abfließen, neue Stoffe andererseits zufließen. Auf diese Weise entsteht ein Fließgleichgewicht, das durch die Geschwindigkeit des Zu- und Abflusses gekennzeichnet ist. Oder: Im Fließgleichgewicht sind Systeme untereinander *verkoppelt* - ohne Rückwanderung von Stoffen bzw. Informationen. Das *eingebettete* System lebt auf Kosten des *einbettenden* Systems (Versklavung, 6.2). Das Verhalten höherer Lebewesen also muss auch *kulturell* geregelt werden, insbesondere das der Menschen, Gruppen und Gesellschaften untereinander *(dynamisches Gleichgewicht* wie im geschlossenen System, 10).

Oft läuft die Umsetzung eines Stoffes in einen anderen über eine Kette von Teilreaktionen (Fließgleichgewichte), wobei jede Teilreaktion durch eigenen Katalysator ausgelöst wird. Im Gegensatz zum geschlossenen System ist die Geschwindigkeit jeder Teilreaktion von der Konzentration des sie steuernden Katalysators abhängig.

Bei jedem Stoffwechsel wird ein Teil der umgesetzten Energie in Wärme verwandelt und geht dem Organismus verloren. Weil der Stoffwechsel bei Körpertemperatur zu langsam verläuft, kommen Katalysatoren zum Einsatz. Die Katalysatoren der Stoffwechselvorgänge sind die *Enzyme,* zumeist Proteinmoleküle. Viele von ihnen haben eine Nicht-Proteinverbindung, die bei der Katalyse mitwirkt. Man nennt sie *Coenzyme,* wenn die Verbindung gelöst werden kann. Jene Enzyme, die aus Ribonucleinsäure-Molekülen bestehen, heißen *Ribozyme.* Nun zu den verschiedenen Aspekten der Katalyse, vom physikalischen zum ethischen Segment.

4.1. Physikalische Katalyse

Unter physikalischem Aspekt sei die wichtigste Art der Katalyse nur beschrieben: die Kontaktkatalyse, in der das Reaktionsgemisch über einen festen Katalysator strömt, um die chemische Reaktion auszulösen bzw. zu beschleunigen. Platin z.B. hat die Fähigkeit, an seiner Oberfläche Gase zu verdichten und dient daher als Katalysator bei Oxidationen, z.B. bei Verbrennung von Ammoniak zu Stickstoffoxid. Da die Reaktion selbst Energie liefert, erhält sie sich und läuft vollständig ab. Auf Asbest feinverteiltes Platin wird im Laboratorium vielfach benutzt, nicht selten auch Pyrit. Vermutlich beruht die Wirkung des Katalysators (Platinasbest, Pyrit usw.)

auf dessen Oberflächenstruktur, wo auch freie Valenzen und *Induktionen(!)* auftreten können.

Wasserstoffperoxid (H_2O_2) ist in verdünnter Lösung bei Zimmertemperatur relativ stabil, zerfällt unter Freisetzung von Sauerstoff erst nach vielen Monaten: $2H_2O_2$ => $2H_2O$ + O_2. Beim Erhitzen erfolgt der Zerfall viel schneller, ebenso, wenn bei Zimmertemperatur ein Platindraht in die Lösung getaucht wird. Statt des Platindrahts können auch Kartoffel- oder Leberstückchen verwendet werden. Die genaue Untersuchung zeigt, dass sie das Enzym Katalase, ein Protein, enthalten. Wasserstoffperoxid kann in Zellen als Zwischenprodukt entstehen. Es wirkt giftig und wird von der Katalase sofort abgebaut, sodass die Zelle nicht beschädigt werden kann. Hier der *Grobablauf* der physikalischen Katalyse: Substrat => Katalysator => chemische Reaktion => Endprodukte.

4.2. Biologische Katalyse

Der biologische Aspekt ist zweigeteilt, erfasst zum einen Auslöser in Körperzellen, zum andern Auslöser in der Umwelt, d.h. Merkmale von anderen Körpern bzw. Organismen. Weil zur Stoffwechselreaktion auch Faktoren wie Temperatur, Druck, Konzentration gehören, soll von *„Auslösern"* allgemein gesprochen werden. Inbegriffen ist die negative Beschleunigung, denn neben der positiven Katalyse gibt es die negative, durch dic dcr Ablauf der Reaktion gehemmt wird. Der Begriff des Katalysators wird mit dem des Auslösers *logisch erweitert* - ähnlich der Komplementarität als logische Erweiterung des Kausalbegriffs (2). In groben Zügen wird das *Wichtigste* nur dargelegt.

Zuerst die innere Katalyse, die durch sogenannte *Biokatalysatoren* ausgelöst wird: durch Fermente oder Enzyme (Coenzyme, Ribozyme), zu denen auch die Vitamine und Hormone gezählt werden können. Fehlen Vitamine, Mineralien etc. oder gelangen Gifte in die biologische Zelle, dann können Biokatalysatoren weder richtig aufgebaut werden noch funktionsgerecht arbeiten. Zur Katalyse gehören, wie erwähnt, viele Proteine (Eiweißstoffe), die ihrerseits Enzyme aktivieren, hemmen oder in anderer Weise auf sie einwirken.

Jede Zelle erhält über den Zustand ihrer Umgebung physische Informationen (pH-Wert, Druck, Temperatur usw.), die sich untereinander widersprechen können, was die Zelle zu „verrechnen" versteht. Über Botenstoffe (Hormone etc.) treffen von entfernten Zellen ebenfalls Informationen ein, die sie, mit anderen Informationen, ähnlich zu verrechnen versteht. Meist werden die Botenstoffe an Rezeptoren der Zellmembran gebunden, sodass die eingetroffenen Informationen ins Zellinnere geschleust werden können. Während der Weiterleitung aktiviert der einzelne Rezeptor auf der cytoplasmatischen Seite der Zellmembran ein Enzym, das eine Stoffwechselreaktion in der Zelle auslöst. Das Enzym hat die Eigenschaft, die *Aktivierungsenergie* des Stoffs so weit herabzusenken, dass die Reaktion sofort abläuft.

Oft haben Enzyme eine Schlüsselfunktion, die ganze Ketten von Reaktionen bestimmen, deren Informationen in zentralen *Verrechnungssystemen* ausgewertet werden. In den Signalketten sind verschiedene Enzymmoleküle hintereinander geschaltet, sodass deren Vermehrung von einem Glied der Kette zur nächsten erfolgt. Durch solche Reaktionen erhöht sich die Wahrscheinlichkeit, von außen kommende Informationen zum Empfänger zu bringen. Am Ende der einzelnen Signalkette, im abgeschalteten Zustand, hat jedes Enzymmolekül viele Substratmoleküle zu einem informationstragenden Produkt umgesetzt. Hier der *Grobablauf* der inneren biologischen Katalyse: Informationstragendes Substrat => Enzym (Vitamin, Hormon) => chemische Reaktion => Informationstragende Endprodukte. Nun zur äußeren biologischen Katalyse.

Enzyme wirken im Körper des Lebewesens. Andere Auslöser kommen von außen, meist von anderen Lebewesen, deren Merkmale spezifische Informationen tragen, die als Schlüsselreize wirken können. Nicht der Stoff wirkt als Auslöser, sondern bestimmte Informationen, die der Stoff überträgt. Über Sinneszellen werden Informationselemente aufgenommen und in Aktionspotenziale übersetzt. Nach der Auswertung in Verrechnungssystemen müssten zusätzliche „Qualitäten“ induziert worden sein, die von affektiver bzw. kognitiver Art wären, wegen des *„Lebensquants“*, das oben erwähnt worden ist (2) und noch näher diskutiert werden muss. Analog der physikalischen Katalyse („Aktivierungsenergie“) herrscht wahrscheinlich eine *„Erregung“* (biologisch), bei der die Reaktion ablaufen kann: Der Auslöser versetzt die beteiligten Zellen in einen *reaktionsbereiten* Zustand, verringert (erhöht) deren Erregung, um die Reaktion in Gang zu bringen. Auf die Erregung und das Lebensquant wird später gemeinsam eingegangen (8.3.2). Hier sei nur angemerkt, dass der Auslöser, unabhängig vom Segment, mit der physischen Komponente der Information wirken muss. Die affektive und kognitive Komponente würde in den Verrechnungssystemen der Empfängerzellen induziert, sowohl bei Tieren als auch Menschen. In der Tierwelt sind Übergänge zum ethischen Segment schon angelegt, was einzelne Tiere deutlich zeigen, weniger durch kognitives als durch altruistisches Verhalten. Bevor Komponenten und soziale Auslöser näher beschrieben werden, kurz der *Grobablauf* der äußeren biologischen Katalyse: Sozialpartner => Auslöser (teils Schlüsselreiz) => soziale Reaktion => Endsituation.

4.2.1. Komponenten innerer und äußerer Auslöser

Dem einzelnen Auslöser könnten, wie erwähnt, Komponenten zugewiesen werden: die physische, affektive und kognitive Komponente, die verschiedene Beträge der Information hätten, auch mit den Werten null. Im Gegensatz zum inneren Auslöser wirkt der äußere nur mit der physischen Komponente. Durch das physikalisch fassbare *„Lebensquant"* käme der Ausgleich zustande. Der äußere Auslöser hätte zusätzliche „Qualitäten" induziert (synthetisiert), die als affektive und kognitive „Komponente" gelten könnten. Das Resultat der Auswertung bestände aus drei Komponenten (Qualitäten) mit unterschiedlichen Beträgen, die der jeweiligen Reaktion gemäß wären. Bei niedrigen Beträgen je Qualität würde das Gehirn bzw. Bewusstsein als übergeordnetes *Verrechnungssystem* kaum angeregt. Nicht hingegen bei größeren Beträgen, nach deren Werten das Individuum reagieren, d.h. arbeiten würde. Pflanzen und Tiere zeigen nach außen hin zwar affektive, jedoch kaum kognitive Reaktionen. Durch Besitz eines Nervensystems unterscheidet sich der größte Teil der Tiere von den Pflanzen. Das Nervensystem macht den vielzelligen Organismus erst zum „typischen" Tier.

Eine *Relation* zwischen der physischen Komponente einerseits und der affektiven bzw. kognitiven andererseits kann mit physikalischen Begriffen schlecht erfasst werden, ist aber eine Tatsache, die als *Modell* fixiert werden sollte - sowohl unter physikalischem als auch biologischem Aspekt. Als Wissenschaft der Regulierung, Selbstorganisation, Informationsverarbeitung u.a. hat die *Kybernetik* die sogenannte Black-box-Methode übernommen und fortentwickelt. Zunächst wird das unbekannte System (Verrechnungssystem) als Blackbox erster Ordnung behandelt. Dann wird die Eingangsgröße beobachtet (Input) bzw. ihre gesetzmäßigen Varianten. Zu jeder Variante gehört eine Ausgangsgröße (Output), die durch das „System verschiedener Eigenschaften" im Inneren der Blackbox entstanden sein muss (Induktion?). Zwischen Eingangs- und Ausgangsgrößen ergeben sich *Relationen* physikalisch-biologischer Art, die erfasst und mathematisch ausgewertet werden. Auf dieser Grundlage können Hypothesen über das Innere der Blackbox formuliert werden, wodurch Blackboxes höherer Ordnungen entstehen. Doch unter biologischem Aspekt genügt häufig der erste Schritt, was der *bedingte Reflex* verdeutlicht. Mit wenigen Signalen können Tiere konditioniert werden, ohne Verrechnungssysteme als Blackbox durchschauen zu müssen.

Der Begriff der *„Qualität“* wird weniger objektiv als subjektiv aufgefasst, sollte deshalb vom Objekt bzw. Ding her definiert werden. Hier bietet sich der Begriff der Eigenschaft an, der mit dem der Entropie bzw. Information verbunden ist. Information ist eine Eigenschaft des materiellen Trägers - gemäß der Entropie des Trägers. Weil jede Eigenschaft auf andere bezogen ist, treten „Systeme verschiedener Eigenschaften“ auf, deren Relationen als *Struktur* bezeichnet worden sind (1). Qualität folglich ist mehr von objektiver als von subjektiver Art.

Weil sich die physische Komponente des Auslösers bzw. ihre Information ergänzen lässt, muss der Materie eine ontologische Potenzialität eigen sein, auch wegen der universellen Naturkonstanten, die wahrscheinlich das „Leben“ induzieren (synthetisieren) (8.3.2). Mindestens eine müsste die *„Erregung“* charakterisieren, mit der *Neigung* zum kleinsten Zwang bzw. Widerstand (9.4.2). Der ontologischen Potenzialität, die als Struktur (Relation) sich äußert, müsste die Information der realen Welt entsprechen, also die des physikalischen, biologischen und ethischen Segments. Nur die physische Komponente der Information lässt sich objektiv fassen und der Informationstheorie zugänglich machen.

Durch sich selbst kann das „Leben“ nur unvollständig erklärt werden. Die ihm gemäße Information (physisch, biologisch, ethisch) lässt sich nur mit der physischen Komponente übertragen. Weil der Beobachter außer seiner Umwelt auch sich selbst zu erkunden sucht, könnte jede Informationstheorie mit dem Beobachter selbst beginnen: dem genetischen Aufbau seiner selbst. Dieser Aufbau beginnt mit zwei Keimzellen, deren Informationen vereint werden und physikalisch zugänglich sind. Die genetische Information der biologischen Zelle - die der DNA - könnte als Grundlage einer *naturgesetzlichen* Informationstheorie gelten (2. Exkurs, 8.3).

4.2.2. Sinnliche Wahrnehmung

Über die Außen- und Innenwelt informieren die Sinneszellen. Nicht alle Prozesse lassen sich sinnlich erfassen, so z.B. die radioaktive Bestrahlung (3). Die Sinneszellen sind auf adäquate Reize angewiesen. Einige reagieren nur auf Licht, andere nur auf Druck. Ist eine Sinneszelle erregt worden, dann entsteht ein Rezeptorpotenzial, das sich über den Zellkörper bis zum Axonursprung ausbreitet. Nur wenn das Rezeptorpotenzial hoch genug und der Schwellenwert erreicht ist, entstehen Aktionspotenziale, die über das Axon wandern (elektromagnetisch?) - hin zu ihrem Bestimmungsort. Weil die Aktionspotenziale nach Form und Größe gleich bleiben, muss die verschlüsselte Information in der *Frequenz der Aktionspotenziale* liegen - jedoch nur in physischer Hinsicht.

Sinnes-, Nerven- und Muskelzellen lassen sich durch Reize erregen, sind in der Lage, Aktionspotenziale auszubilden. In der Nervenzelle entstehen sie im Axon, nicht im Zellkörper und im Dendriten. Entweder treten sie in voller Höhe auf oder gar nicht (alles oder nichts). Einmal entstanden, wandern sie entlang des Axons zu einer anderen Nervenzelle oder zu einer Muskelzelle. Am Axonende befinden sich Synapsen, die den Übergang ermöglichen, und zwar durch Neurotransmitter. Die auf die Muskelzelle übergegangenen Aktionspotenziale werden genauso fortgeleitet wie die im Axon. Bei Behinderung oder gar Unterbrechung kommt die ursprüngliche Information nicht zum Bestimmungsort, was für lokale Betäubungen, z.B. in der Zahnmedizin, ausgenutzt wird.

Alle Reize führen zu gleichartigen Aktionspotenzialen, egal ob Licht, Ton oder andere Reize wirken. Werden Sinneszellen erregt, dann entstehen zuerst die Rezeptorpotenziale, später die Aktionspotenziale, die bis zum Zentralnervensystem laufen und dort verarbeitet werden. Von diesen Vorgängen bemerkt der Mensch nichts. Beim Anblick einer Spinne z.B. fallen Lichtwellen ins Auge. Was der Mensch wahrnimmt, ist nicht das Abbild von Reizen im Sinnesorgan, sondern das Ergebnis eines Rekonstruktionsprozesses im Gehirn, der als Wahrnehmung angenehm oder unangenehm sein kann, d.h. affektiv eingefärbt. Zudem löst die Wahrnehmung kognitive Reaktionen aus, also Denken und entsprechendes Verhalten. Diese Reaktionen sind als zusätzliche „Qualitäten" bezeichnet worden bzw. als affektive und kognitive Komponente des Auslösers (4.2.1). Zur Potenz des *Lebensquants* müssten sie gehören (gemeinsam mit zwei universellen Naturkonstanten).

Untersuchungen haben ergeben, dass der im Gehirn liegende *Mandelkern* als wichtigste Struktur für das Auslösen affektiver und kognitiver Qualitäten gilt. Jede Qualität - auch die physische - könnte einer Komponente entsprechen, einer Komponente des Auslösers, dem drei Qualitäten eigen wären. Nur die physische Komponente des Auslösers aber wäre größer als null. Oder anders: Das subjektive Erleben von affektiver und kognitiver

Qualität kann nur durch die physische Komponente induziert (synthetisiert) werden: durch die eines Moleküls, Gegenstands, Lebewesens (Gestalt, Sprache usw.), die als äußere Auslöser fungieren.

Äußere Auslöser induzieren im Empfänger sowohl affektive als auch kognitive Reaktionen, die man informationstheoretisch beschreiben kann: jedoch nur mit der physischen Komponente. Im Schlüssel-Schloss-Modell ist dem Auslöser, unabhängig von Beträgen, immer die Schlüsselfunktion zugewiesen, damit das „Schloss" (Substrat) sich ändert, nicht der dazu passende Schlüssel (Enzym, Schlüsselreiz). Auslöser existieren in allen Segmenten, auch in der Gesellschaft bzw. menschlichen Gemeinschaft.

4.2.3. Soziales Verhalten

Mit dem Begriff des Verhaltens sind alle Aktionen und Reaktionen eines Lebewesens erfasst, auch Zustände des Verharrens, egal ob bewusst oder unbewusst. Obwohl die Analyse des Verhaltens auf verschiedene Weise erfolgt, wird an der „Katalyse" festgehalten, welche die *Hormone* als Auslöser mitberücksichtigt. Nach wie vor ist die Frage wichtig, wie spezifisches Verhalten ausgelöst und gesteuert wird, einschließlich der Lernvorgänge. Nach zwei Ursachen wird hier unterteilt: zum einen nach der aktuellen Ursache, die das Verhalten hier und jetzt bewirkt (proximate Ursache), zum andern nach der genetischen (ultimate Ursache), die den Beitrag zur Fortpflanzung und Höherentwicklung zu erklären versucht. Für den ersten Fall werden einige Beispiele angeführt. Auf den zweiten wird erst später eingegangen - an verschiedenen Stellen.

Einfache Formen des Verhaltens sind relativ starre, in ihrer Art konstante Bewegungsfolgen, die weitgehend ererbt, also genetisch festgelegt und durch innere wie äußere Auslöser bedingt sind. Hierzu gehören die Reflexe, z.T. die *Erbkoordinationen,* die durch *Schlüsselreize* ausgelöst werden, nämlich dann, wenn eine entsprechende Bereitschaft im Körper des Lebewesens vorhanden ist (Hormone). Im Schlüssel-Schloss-Modell ist dem Reiz immer der Schlüssel zugewiesen, mit dem das Schloss (Substrat) geöffnet wird. So kann z.B. das Fressen des Süßwasserpolypens durch bestimmte Aminosäuren ausgelöst werden oder das Stechen der Zecke durch Kombination von Wärme und Buttersäure. Anders bei höherentwickelten Tieren, die soziales Verhalten erlernt haben und sich freier bewegen können. Im sozialen Kontakt nämlich, etwa bei der Balz oder bei Rangkämpfen, muss der Spielraum des Verhaltens größer sein. Dieser Zuwachs an Freiheit (3.2) ist schon deswegen sinnvoll, weil im

Sozialleben neue Situationen auftreten, die mittelbar gemacht werden müssen, wie z.B. die Koordination während des Jagens, die gemeinsame Brutpflege, die Abwehr von Feinden usw. Allgemein lässt sich sagen, dass nur wenige Verhaltensweisen ausschließlich genetisch bedingt sind. Die meisten Verhaltensweisen werden während der Individualentwicklung im Zusammenspiel mit ererbten und *erlernten Faktoren* ausgebildet. Diese adaptive Veränderung geht mit zahlreichen Modifikationen in der Struktur und Funktion von Nervenzellen und ihren Verbindungen einher.

Durch Ritualisierung hat sich die Zahl der „Schlüsselreize" stark erweitert. Mit Droh- und Demutsgebärden, die als Auslöser wechselseitig fungieren, wird das Töten von Artgenossen vermieden. Das schwächere Tier wählt vorher die Demutsgebärde, die sich in einer Selbstverkleinerung wie Ducken, Anlegen der Ohren, Einziehen der Beine u.a. kundtut, aber auch in der Darbietung seiner verletzlichsten Körperstelle. Mit solchen Gebärden wird die Aggression des Siegers: dessen *Erregung,* gesenkt und der Kampf beendet. *Logisch erweitert* wirken Droh- und Demutsgebärden als verkoppelte *Auslöser,* verzögern/hemmen den Ablauf von Reaktionen (4.2). Ähnlich wirken alle Schlüsselreize auf ihre Empfänger.

Als Schlüsselreiz können Reize oder Reizkombinationen wirken, die von Sinneszellen wahrgenommen werden, z.B. Laute, Tastempfindungen, Düfte, Farben, Gestalt, Größe, bestimmte Bewegungen sowie Kombinationen solcher Reize. Gemeinsam ist allen Schlüsselreizen, dass sie auffällig und unter natürlichen Bedingungen unverwechselbar sind. Dies wird erreicht, wenn von allen möglichen Reizkombinationen nur *eine einzige,* und zwar die prägnanteste, als Schlüsselreiz wirkt. Z. B. greifen während der Paarungszeit männliche Rotkehlchen, die ausgewachsen sind, nur ausgewachsene männliche Artgenossen an. Durch Attrappenversuche wurde festgestellt, dass als Auslöser die Farbe „rot" wirkt, die an erwachsenen Tieren im Bereich der Brust sichtbar ist.

4.3. Ethische Katalyse

Gleich dem Verlangen nach physikalischem und biologischem Nährstoff macht sich im Menschen ein Verlangen nach sozialem bzw. ethischem „Nährstoff" bemerkbar, der als Information aufgenommen, nach Komponenten aufgespalten und katalytisch umgearbeitet wird. Die katalytische Information kann nur zur physischen Komponente gehören. Nach der Sinneserregung entstehen, wie erwähnt, Aktionspotenziale, deren *Frequenz die Information* tragen und weiterleiten - hin zu Verrechnungssystemen in Zellen und im Gehirn. Die affektive und kognitive Komponente werden dort induziert (synthetisiert), je mit den Werten größer als null (Blackbox-Methode, 4.2.1). Mit Blick auf physikalische und biologische Nährstoffe sollte dies als Katalyse ebenfalls aufgefasst werden, die schließlich Muskelzellen erregt und auch in umgekehrter Richtung ablaufen könnte, d.h. von innen nach außen. In beiden Richtungen kann die Katalyse sowohl *endergonisch* als auch *exergonisch* sein, wobei zum einen Energie aufgenommen, zum andern Energie freigesetzt wird (4).

Im Organismus kann eine endergonische Reaktion (Synthese) nur dann ablaufen, wenn sie mit einer exergonischen gekoppelt ist. Die Energiebilanz beider Reaktionen ist dann exergonisch, wobei die überschießende Energie als Wärme frei wird. Weil zudem Information ständig nachfließt, mehr oder weniger verarbeitet und in veränderter Qualität abgegeben wird, sei ein kurzer Vergleich erlaubt. Wie im offenen System könnte ein *Fließgleichgewicht* zustande kommen, zudem, wie im geschlossenen System, ein *dynamisches Gleichgewicht* zwischen hin- und rückfließender Information. Im 10. Kapitel wird näher darauf eingegangen (Moral).

Jeder Auf- und Abbau von Information ist materiell gebunden, lässt sich als Veränderung des Trägers auffassen, die mit dem Begriff der *Entropie* in Verbindung steht. Im ethischen Segment ebenso wie im biologischen und physikalischen wird Information auf- und abgebaut, wobei jede Reaktion - in logischer Erweiterung - als *Wirkung* aufträte (2). Bei der stärksten Kausalität, in der metaphysischen Ordnung, wären Ursache und Wirkung vereint, sodass kein Unterschied zwischen beiden bestände. Bei der abgeschwächten Kausalität läge die Ursache vor der Wirkung, und zwar zeitlich gestreckt nach „oben" hin (3.1/2). Im ethischen Segment wäre die Freiheit am größten. Dennoch könnten Auslöser dort wirken, mittelbar und unmittelbar, um die Freiheit zu begrenzen! Als ein unmittelbarer Auslöser sei das *Gewissen* hier betont.

Ein mittelbarer Auslöser ist z.B. das *Kindchenschema,* eine Kombination von Körpermerkmalen, die für Kleinkindern typisch sind: große Augen, Pausbacken, Stupsnase, tollpatschige Bewegungen usw., die auf Seiten des Sozialpartners (Substrat) positive Gefühle induzieren und Fürsorge garantieren: *Zuwendung, Anerkennung, Liebe,* was der Goldene Regel übrigens entspricht (Bibel). Das Kindchenschema gehört zum ethischen Segment, verursacht Reaktionen mit sowohl physischer als auch affektiver als auch kognitiver Komponente, deren Beträge größer als null sind. Angeborene Auslöser, die durch Lernvorgänge überformt worden sind und nicht immer zuverlässig wirken, können auch negative Reaktionen erzeugen (Frustrationen, Aggressionen), können als *Entzug* von Zuwendung, Anerkennung, Liebe gedeutet werden, was viele Fälle belegen. Weinen und Schreien sind ebenfalls angeborene Auslöser mit begrenzten Wirkungen. Mit wachsender Freiheit sind kulturelle Auslöser eingeschoben worden, wie etwa der Kniefall oder das Hochheben der Hände. Zu den kulturellen Auslösern scheint auch der Gruß zu gehören oder das Lächeln bzw. die Höflichkeit allgemein. Die durch Kultur geschaffenen Verständigungsmittel dienen überwiegend der Aggressionshemmung, aber auch der Warnung sowie der Sicherung sozialer bzw. ethischer Werte. Der *Grobablauf* der ethischen Katalyse: Sozialpartner => Auslöser (ererbter/kultureller Reiz) => ethische Reaktion => Endsituation.

4.3.1. Menschlicher Grundtrieb

Ohne affektive und kognitive Komponente ist Information weder gut noch böse. Durch *Induktion* erfolgt die qualitative Bewertung - auch die der selbst ausgelösten Information. Negative Bewertung, die von außen kommt, erzeugt Frustration bzw. Aggression, die sowohl nach innen als auch außen sich entladen kann. Der Körper des Angreifers bzw. Verteidigers nimmt Imponier- und Drohgebärde an, vergrößert sich: Wölben der Brust, Strecken des Halses, ausladende Hand- und Armbewegungen, Aufplustern wie beim Tier. Der Angreifer soll getroffen, verängstigt, eingeschüchtert werden. Sein Körper soll Demutshaltung annehmen, Anerkennung signalisieren, was als *positive Information* gewertet würde. Durch den Auslöser wird die *Erregung* allmählich abgesenkt, wobei zwei Vorgänge miteinander verkoppelt sind - hin zur Gleichgewichtslage, auf Kosten eines Sozialpartners häufig.

Das volle Maß positiver Information wird aufgrund des *Kindchenschemas* nur kurzzeitig erreicht. Die Körperformen des Kindes verändern sich mit zunehmendem Alter. Wichtige Gefühle der Zuneigung sind auf andere Weise zu erwerben: aufgrund von Arbeitsprodukten. Das heranwachsende Kind muss zunehmend arbeiten! Dazu braucht es als soziales bzw. ethisches Wesen anregende, von außen kommende Information. Fehlentwicklungen äußern sich in Clownerie oder Provokation. Auch fallen Kinder, die zu wenig Zuneigung und Liebe erfahren, auf frühere Entwicklungsstufen zurück, retardieren, nässen wieder ein (Hospitalismus). Nicht nur das Kleinkind strebt nach positiver Information (Zuwendung, Anerkennung, Liebe), sondern der Erwachsene ebenfalls. Dieses *Streben nach positiver Information,* im Wechselverhältnis zum Mitmenschen, ist immer vorrangig, wird *menschlicher Grundtrieb* hier genannt. In vielen Varianten kommt er zum Ausdruck, sowohl im Kleinen wie im Großen: im Neid, im Klatsch und Tratsch (Abwertung bzw. relative Erhöhung), in Extravaganzen, Prahlerei, Statussymbolen, im Negativismus (Nachrichten), im Streben nach Macht (bis zum Sadismus), in Werken der Kunst, Wissenschaft und Politik, in riesigen Bauten, in Staatsgebilden, in religiösen Werken. Der Mensch will Spuren, Zeichen hinterlassen, Zeichen seines persönlichen Wertes. Er sucht nach Anerkennung, nach Lebenssinn, nach *geistigem Fortleben!* Produkte seiner Arbeit sollen auf seine und kommende Generationen wirken, über seinen Tod hinaus (Sehnsucht nach Unsterblichkeit).

Entsprechend der Segmente baut sich der Grundtrieb hierarchisch auf. Hier sei auf das biologische und ethische Segment nur gewiesen, die sich einseitig voraussetzen: Das ethische Segment ist auf das biologische angewiesen, niemals umgekehrt! Von unten her, aus der metaphysischen Ordnung, muss der Grundtrieb hochwachsen - über die Pflanzen- und Tierwelt hinaus. Alle freilebenden Pflanzen und Tiere sind einer natürlichen Zuchtwahl ausgesetzt. Biologisch fortzuleben - bezüglich Individuum und Art - ist für die Pflanzen- und Tierwelt bestimmend, was im ethischen Segment überformt worden ist. Auch im biologischen Segment existiert ein Grundtrieb, reicht jedoch über das *biologische Fortleben* (Sexualtrieb) nicht hinaus. Erst im ethischen Segment ist ein dominantes Streben erkennbar: das nach *geistigem Fortleben* (menschlicher Grundtrieb), worauf sich alle Religionen übrigens berufen.

4.3.2. Egoistische und altruistische Disposition

Aus der Menge der Auslöser sei ein biologischer und ein ethischer ausgewählt. Zum biologischen Auslöser gehört eine Reizkombination, die schon beschrieben worden ist: laute Stimme, gewölbte Brust usw., was auf Seiten des Empfängers (Substrat bzw. Schloss) negative Gefühle erzeugt und als Aggression bezeichnet worden ist. Weil diese *Drohgebärde* (Auslöser bzw. Schlüssel) mehr an Tieren auftritt, wird sie dem biologischen Segment zugerechnet. Die dazu passende Reaktion ist die *Demutsgebärde,* durch die die Aggression (Erregung) gesenkt wird. Erinnert sei die negative Beschleunigung bzw. Katalyse (4.2).

Die Selektion verändert Gene (Genotyp), setzt an äußeren Merkmalen an (Phänotyp) und verändert sie in Richtung besserer *Fitness.* Die „tüchtigsten“ Gene kommen so in die nächste Generation. Von „egoistischen Genen“ wird diesbezüglich auch gesprochen, wohl wissend, dass Gene nicht egoistisch sein können. Als Disposition ist Egoismus dennoch verbreitet, mehr im biologischen Segment. Obwohl die kognitive Komponente in der Pflanzen- und Tierwelt kaum ausgebildet ist, Vernunft und Einsicht also fehlen, setzen sich solche Gene durch, die der Population insgesamt Vorteile bringen - nicht notwendig bestimmten Individuen. Von aggressiver Disposition wird diesbezüglich auch gesprochen, was jedoch nicht überzeugt. Aggressives Verhalten ist umweltbedingt, entsteht gegenüber Sozialpartnern aus Egoismus und Geltungsdrang bzw. auf Grund mangelnder positiver Information (Grundtrieb). Ganz anders altruistisches Verhalten (Selbstlosigkeit), das auch bei Tieren vorkommt.

Die altruistische Disposition, die genetisch bedingt ist, verlangt ethische Auslöser, d.h. entsprechende Reize bzw. Informationen von außen. Durch solche Auslöser, die Erlerntes beinhalten, kann sich ethisches Verhalten erst entfalten. Mit Hilfe der Kosten-Nutzen-Analyse können altruistische Vorgänge nicht hinlänglich erklärt werden - viel mehr mit der sogenannten Spieltheorie oder der daraus entwickelten *„Tit-for-tat-Strategie“* (wie du mir, so ich dir), die das Lernvermögen der Sozialpartner einbezieht (9.4.1). Die Kosten-Nutzen-Analyse bezieht sich auf das biologische, die Tit-for-tat-Strategie auf das ethische Segment, wobei das erste im zweiten inbegriffen ist. Eine Pflanze oder ein Tier kann am besten gedeihen, wenn der größte Nutzen mit dem geringsten Aufwand an Zeit und Energie erzielt wird (Prinzip des kleinsten Aufwands, 9.4.2). So wirft cin Obstbaum junge Früchte ab, um andere reifen zu lassen und selbst nicht überlastet zu werden. Dasselbe ist an Tiereltern beobachtbar.

Gewiesen sei auf Fälle, wo Tiere das Revier sichern oder anderen bei der Brutpflege helfen und selbst dabei Nachteile erfahren, was dem Altruismus entspricht. Nicht zuletzt deswegen sei auf die Gesetzeseinheit und ihre Segmente wieder gewiesen. Zweifellos tragen Tiere altruistische Dispositionen, nicht jedoch Vernunft und hohes Bewusstsein. Weil beides am Menschen erst auftritt, ist im Tier eine „Brücke“ schon gewachsen - ungeachtet ihrer Tragkraft -, und zwar zum ethischen Segment hin. Würde die altruistische Disposition dominieren, wäre die „Brücke“ mehr von ethischer Art. Ein Löwenmännchen aber, das ein Rudel übernommen hat und die Kinder seines Vorgängers tötet, folgt seiner egoistischen Disposition, die dem biologischen Segment zugeordnet werden muss. Altruismus und Egoismus gehören trotzdem zusammen, gemäß der natürlichen Gesetzeseinheit.

Die altruistische Disposition, die sich nachweisen lässt und entsprechende Auslöser verlangt, ist ein Indiz für die Existenz der natürlichen Gesetzeseinheit und ihre Segmente. Ein zweites Indiz ist die Durchgängigkeit der Auslöser, vom physikalischen, zum biologischen, zum ethischen Segment (8.3.2). Weil weiterhin jeder Auslöser dem Gesetz der Natur folgt, das sowohl physische als auch biologische als auch ethische Strukturen bzw. Informationen formt, wäre ein drittes Indiz gegeben. Erneut sei auf das *Gewissen* gewiesen mit entsprechender Disposition, die zum ethischen Segment gehören muss. Auslöser und Disposition gehören zusammen, entsprechen dem Schlüssel-Schloss-Modell.

5. Urschema der Evolution

Um das Phänomen des Lebens modellhaft erfassen zu können, sei erneut auf die *ontologische Potenzialität* gewiesen, die der *metaphysischen Ordnung* zugewiesen wurde (3.1). Weil sich die Welt vom niedrigsten bis zum höchsten System als *Struktur (Ordnung)* darbietet, könnte zur ontologischen Potenzialität ein „Urschema" gehören, ohne die Selektionstheorie in Frage zu stellen! Im physikalischen Segment, an den Perioden und Eigenschaften der Elemente, ist eine *Richtung* erkennbar, die dem Urschema entsprechen könnte: am Wasserstoffatom genauso wie z.B. am Kohlenstoff- oder Sauerstoffatom, nur dass dort der sich äußernde Punkt der Hierarchie von dem der anderen Atome verschieden wäre. Nur bedingt könnte das Urschema sich äußern, d.h. auf verschiedenen Stufen seiner Hierarchie, was am PS der Elemente als wahrscheinlich erscheint.

Im PS der Elemente wäre die Richtung der Entwicklung vorgegeben - *verschlüsselt* in jeder Periode des Systems. Die resultierende Richtung hätte sich fortgepflanzt, aufgeweitet, zum biologischen und ethischen Segment hin. In der biologischen Zelle sind die eingebundenen Moleküle durch Atomwertigkeiten entstanden, also auch die DNA als Makromolekül. Weil jedem Molekül die Wertigkeiten ihrer Bestandteile: der Atome, zugrunde liegt, könnte das Urschema den Aufbau der DNA bestimmt haben und folglich den der Zelle, den des Merkmals und den des Organismus insgesamt - mit aufgeweiteten Freiheitsräumen! Im DNA-Aufbau sind die Basen Adenin und Thymin stets in gleicher Häufigkeit vorhanden, die von Cytosin und Guanin ebenso, was dem Urschema gemäß wäre, als eine Eigenschaft seiner sich äußernden Hierarchie.

Bekanntlich sind alle Lebewesen an je spezifischer DNA erkennbar, deren Sequenzen sich von Individuum zu Individuum unterscheiden. Der Aufbau verschiedener Sequenzen setzt das PS der Elemente nicht außer Kraft, das als erste *Äußerung des Urschemas* gelten könnte. Am PS der Elemente, an den Wertigkeiten der in der DNA eingebundenen Atome wäre die Richtung der Evolution erkennbar, also die der Ontogenese, der Phylogenese, die der Gesellschaft insgesamt. Als Struktur äußert sich jedes soziale Verhalten: in physikalischer, biologischer und ethischer Hinsicht, was sich empirisch bestimmen lässt, mit Hilfe statistischer Verfahren bzw. Gesetze. Jeder Versuch, von der Richtung des Urschemas abzuweichen, wäre vergeblich, verstieße gegen das Naturgesetz, das sowohl dem Stoff als auch dem Lebewesen als auch dem sozialen System zunehmende Freiheitsräume belassen hat. Der Begriff der Kausalität

(3.1), der sich auf das Verhalten der Stoffe, Lebewesen, Gesellschaften bezieht, bestätigt zunehmende Freiheitsräume, sprich: Spielräume der Entfaltung, innerhalb derer das Gesetz der Natur nicht zu wirken scheint.

Das folgende *Schema* hat hypothetischen Charakter. Es zeigt zum einen das Gesetz der Natur, zum andern die vorhandenen Spielräume im Gesetz der Natur - vom physikalischen, zum biologischen, zum ethischen Segment hin. Sowohl die Person als auch das Volk (Gesellschaft) soll die Grenze der Spielräume beachten, wobei das *Gewissen* bzw. *Gesetz des Rechts* (staatliche Gesetz) behilflich sein könnte (bei Strafe von Verletzung oder Untergang laut jüdisch/christlichem Gebot, Bibel Num 21, 8).

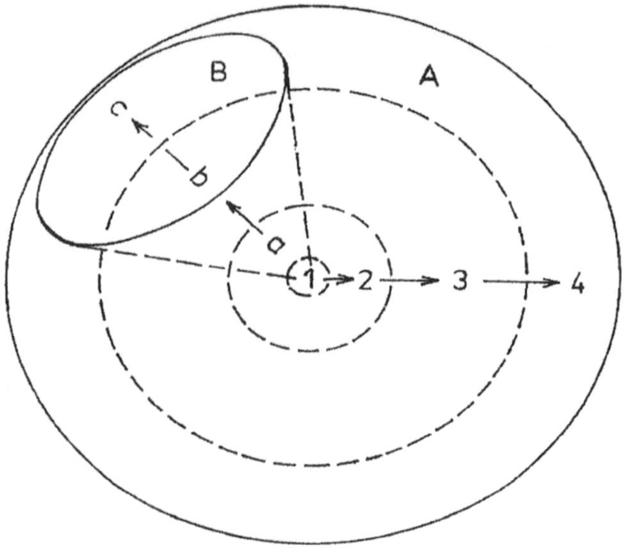

A: Raum-zeitliches *Schema* vom Gesetz der Natur (Kugelgestalt, 1 bis 4):
- metaphysisches Segment (auch Bereich, Ordnung, Aspekt) 1
- physikalisches Segment (auch Bereich, Ordnung, Aspekt) 2
- biologisches Segment (auch Bereich, Ordnung, Aspekt) 3
- ethisches Segment (insgesamt: *natürliche Gesetzeseinheit)* 4

B: Spielräume *im* Gesetz der Natur (Kegelgestalt, a bis c):
- *im* physikalischen Segment (auch Bereich, Ordnung, Aspekt) a
- *im* biologischen Segment (auch Bereich, Ordnung, Aspekt) b
- *im* ethischen Segment (auch Bereich, Ordnung, Aspekt) c

6. Information allgemein (Massendefekt)

Gemäß der Theorie ist Information keine autonome Entität, sondern eine strukturale Eigenschaft des Trägers, auch des Trägers der Gene (DNA). Materie tritt in verschiedenen Eigenschaften auf, was ihren Strukturen entspricht. Auch Information tritt in verschiedenen Eigenschaften auf, was denselben Strukturen entspricht (4.2.1).

Materie und Energie sind zwei Wörter mit gleicher physikalischer Bedeutung. Nach Einstein muss jeder Energie Masse zugeordnet werden, und jede Masse repräsentiert Energie. Am Aufbau und Zerfall von Atomen ist erkennbar, dass sich die Masse der Bausteine verändert. So ist z.B. die Masse eines aufgebauten Atoms stets kleiner als die Summe der Massen seiner Bausteine, was als *Massendefekt* bezeichnet wird. Die Massendifferenz Δm ergibt sich aus dem *Einstein*schen Äquivalenzgesetz $E = m_i \cdot c^2$ bzw. aus $\Delta m = \Delta E / c^2$. Will man das aufgebaute Atom wieder zerlegen, so muss umgekehrt die dem Massendefekt entsprechende Energie zugeführt werden, die sich als *Massenzuwachs* $\Delta m'$ zeigen würde ($\Delta m' = \Delta m$). Bemerkenswert ist, dass die bei Kernprozessen umgesetzten Energiebeträge rund 10^6 mal größer sind als die in den Elektronenhüllen der Atome/Moleküle, was nicht vernachlässigt werden sollten - aus Entropie- bzw. Informationsgründen!

Durch Zufuhr von Energie nimmt die Masse eines Atoms/Moleküls zu, was schon E. Rutherford als *„Erregung"* bezeichnet hat, als Erregung des Atoms/Moleküls (man spricht diesbezüglich auch von negativer Wärmetönung: endothermer Prozess, d.h. Synthese). In gewisser Hinsicht, so Rutherford, ist ein „erregtes" Atom einem radioaktiven Atom analog, bei dem die Kernbausteine noch nicht im *Zustand des Gleichgewichts* sind, sondern weiterhin einen Energieüberschuss haben, der in Form charakteristischer Strahlung freigesetzt wird. Man darf vermuten, dass „erregte" Atome/Moleküle mit höherer potentieller Energie eine zusätzliche Information tragen (Entropie), die im Massenzuwachs $\Delta m'$ verborgen und nach Gesetzen der *Wahrscheinlichkeit* berechenbar ist. Bei der endothermen Reaktion, wo Erregung erzeugt wird, müsste diese Information bzw. Masse wachsen. Bei der exothermen Reaktion (positive Wärmetönung), wo Erregung abgebaut wird, müsste diese Information bzw. Masse schwinden, und zwar hinsichtlich aller Segmente. Der Zustand des Gleichgewichts wäre dann erreicht, wenn der Energieüberschuss in Form charakteristischen Verhaltens aufgebraucht wäre. Diesbezüglich sei auf die „Katalyse" gewiesen, die beteiligte „Substrate" in einen *reaktionsbereiten* Zustand versetzt, zum andern auf die Aggression - als Abbau negativ erfahrener Information (4.3.1).

Um der Klarheit willen sei betont: Die Begriffe der Erregung und Aktivierungsenergie sind verschiedenen Segmenten zugewiesen worden (4/ 4.2). Hinsichtlich der Katalyse allgemein ist mit *Erregung (Energie der Erregung)* ein Zustand gemeint, der sich *primär* auf das biologische und ethische Segment bezieht (anders als bei Rutherford). Der Begriff der *Aktivierungsenergie* hingegen bezieht sich nur auf das physikalische Segment. Ich beginne wieder mit dem physikalischen Segment und gehe dann auf die höheren Segmente detailliert ein.

6.1. Enthalpie, Entropie, Ordnung

In einem Kaloriemeter verbrennt man z.B. Glucose zu Molekülen mit geringeren Ordnungsgraden (CO_2, H_2O). Die freiwerdende Energie ist gleich der Differenz des Energieinhalts der Ausgangsstoffe und der Endprodukte. Weil sich diese Energie aus einer Differenz ergibt, wird sie Enthalpieänderung (ΔH) genannt, die in lebenden Zellen eine maximale Nutzarbeit (ΔG) verrichten bzw. höhere Ordnung aufbauen kann (*Struktur* und *Ordnung* sind synonym, 1/5). Wegen auftretender Wärmeverluste kann die maximale Nutzarbeit ihren Höchstwert niemals erreichen. Unabhängig davon weichen die Beträge der Enthalpieänderung und der maximalen Nutzarbeit auch voneinander ab. Diese Abweichung wird mit einem anderen Begriff beschrieben: dem der Entropie (S). Wie die Enthalpie und die maximale Nutzarbeit lässt sich die Entropie nicht absolut, sondern nur als Differenz bestimmen (ΔS). Entropie: zweiter Hauptsatz der Thermodynamik.

Bei Glucoseabbau gilt: ΔH negativ (exergonische Reaktion), ΔS positiv (Zunahme von Unordnung). Bei Glucoseaufbau gilt: ΔH positiv (endergonische Reaktion, sprich: Synthese), ΔS negativ (Zunahme von Ordnung). Auf Zahlenbeträge wird nicht eingegangen.

Bei Betrachtung der Energiebilanzen muss die Entstehung von Ordnung bzw. Unordnung in die Überlegung einbezogen werden, wegen der Entropieänderung und der Reaktionstemperatur (T). Werden aus den Abbauprodukten der Glucose wieder höhere Strukturen aufgebaut, z.B. wieder Glucose, dann muss zum Betrag der maximalen Nutzarbeit ein Betrag mit derselben Dimension zugerechnet werden, nämlich das Produkt aus Reaktionstemperatur und Entropieänderung ($T \cdot \Delta S$). Der Aufbau höherer Ordnung verlangt zusätzliche Energie. Unter physikalischem Aspekt lautet die Energieformel: $\Delta H = \Delta G + T \cdot \Delta S$.

Jede atomare oder molekulare Struktur kann verändert werden durch Zufuhr oder Entzug von Energie. Im Zellverbund sind die endergonische und exergonische Reaktion damit gemeint, die untereinander *verkoppelt* sind, wobei die exergonische mehr Energie liefert als die endergonische benötigt. Für die Kopplungsreaktion benutzt die Zelle meistens das Adenosintriphosphat (ATP), das aus Adenosindiphosphat (ADP) und einem Phosphorsäurerest besteht. Als Schlüsselsubstanz des Lebens wird ATP bezeichnet. Sie überträgt und speichert Energie, ist ein Nucleotid aus der Base Adenin, dem Zucker Ribose und drei Phosphorsäureresten.

6.2. Auf- und Abbau von Information

Beim Abbau von Strukturen bzw. Ordnungen in niedere wird Energie freigesetzt, beim Aufbau von Strukturen bzw. Ordnungen in höhere wird Energie aufgenommen. Dieser Ab- und Aufbau verändert Entropien bzw. Informationen, nicht nur unter physikalischem, auch unter biologischem und ethischem Aspekt. Im Kaloriemeter wird statt der Glucose eine *tote Pflanze* oder ein *totes Tier* verbrannt (Gedankenexperiment). Über den freigesetzten Energiebetrag kann auf die zugehörige Ordnung, Entropie bzw. Information geschlossen werden. Unter physikalischem Aspekt ist die Entropie definiert: $\Delta S = \Delta Q / T$ (Energie durch Reaktionstemperatur: Joule durch Kelvin). Mit der Entropie lässt sich die Information wahrscheinlich bestimmen (vgl. 2. Exkurs, 8.3).

Das Produkt aus Temperatur und Entropieänderung entspricht dem Ordnungsbegriff (6.1). Wird ΔS negativ, dann nimmt die Ordnung zu, wird ΔS positiv, dann nimmt die Ordnung ab. Der zweite Hauptsatz der Thermodynamik besagt, dass die Entropie im geschlossenen System nur gleich bleiben oder zunehmen kann. Dem scheint die Ontogenese zu widersprechen, auch die Phylogenese und Entwicklung der Gesellschaft insgesamt. Lebewesen und Gesellschaften sind jedoch gemischte (offene und geschlossene) Systeme, neigen einerseits zum *Fließgleichgewicht (biologisch),* andererseits zum *dynamischen Gleichgewicht* zwischen Sozialpartnern *(ethisch).* Stoffe bzw. Informationen werden aufgenommen, umgebaut und wieder abgegeben. Mit dem Tod tritt der Zerfall höherer

Strukturen zum thermodynamischen Gleichgewicht ein. Bezüglich sozialer Systeme ist der Unterschied zwischen Fließgleichgewicht (Versklavung) und dynamischem Gleichgewicht überaus wichtig (4).

In *lebenden Zellen* sind Untersuchungen meist schwierig, weil Stoffwechselketten untereinander vernetzt sind und praktisch „jedes auf alles" wirkt. Unter biologischem Aspekt wäre die Entropie bzw. Information dennoch definiert, mit einer variablen Größe (L), die das „Leben" repräsentierte. Beim Aufbau von Information (ΔS negativ) ist die Enthalpieänderung (ΔH positiv) kleiner als die maximale Nutzarbeit (ΔG positiv). Zudem baut sich solche Information auf, die von affektiver und kognitiver Art ist (was in den Punkten 4.2 bis 4.2.2 erklärt worden ist). Im biologischen Segment der Pflanzen und Tiere wird nur die physische Information genutzt - die von toten Körpern (Nahrung). Anders im ethischen Segment, wo geistige Produkte erarbeitet werden und vorrangiges Ziel sind. Für das biologische und ethische Segmente ließen sich repräsentative Entropien bzw. Informationen dennoch definieren, mit der variablen Größe L (Lebensenergie), deren Dimension eine Arbeit oder Energie wäre: $\Delta H' = \Delta G + T \cdot \Delta S + L$. Ähnlich der in 6.1 stehenden Gleichung könnte eine Entropieänderung in L stecken ($\Delta S'$), die das biologische und ethische Segment charakterisierte: $L = f(\Delta S')$. Auf die Lebensenergie der Pflanze (L_P), des Tieres (L_T), des Menschen (L_M) muss getrennt eingegangen werden. Vorher ein Blick auf die molekulare Evolutionstheorie.

7. Repräsentatives Basenquartett als Informationsträger

Gegenwärtiges Leben entsteht nur aus Leben, nämlich aus biologischen Zellen. Dennoch fragt man sich, ob das Leben aus dem Kosmos kam oder auf der Erde entstanden ist. Grundlegende Versuche wurden z.B. von S. Miller und M. Eigen durchgeführt, die belegen konnten, dass der biologischen Entwicklung eine physikalisch-chemische vorrangegangen sein muss. Im Labor wurde eine Uratmosphäre simuliert, in der organische Stoffe aus anorganischen entstehen konnten, z.B. Aminosäuen, Nukleinsäuren, ATP. Als Voraussetzung dieser selektiven Selbstorganisation muss das System offen sein und sich im Zustand fern vom thermodynamischen Gleichgewicht befinden.

Durch Katalyse an Kristalloberflächen (Pyrit) sind wahrscheinlich Stoffwechselprozesse in membranumgrenzten Räumen entstanden. Nach weiteren Entwicklungsschritten sind vermutlich kleinere RNA-Moleküle entstanden, darunter auch solche, die ihre eigene Verdoppelung katalysieren konnten: An einem Strang haben sich komplementäre Nucleotide angelagert und sind durch Katalyse zum komplementären Strang verknüpft worden. Die katalytischen Fähigkeiten von RNA-Molekülen sind durch Existenz von Ribozymen in heutigen Lebewesen belegt. Weitere Reaktionen legen nahe, dass Peptidketten aus Aminosäuren durch Ribozyme katalysiert wurden. Diese Peptide erwiesen sich als bessere und anpassungsfähigere Katalysatoren. So kam es wohl zu einer Arbeitsteilung zwischen RNA-Molekülen als Informationsträger und Proteinen als Katalysatoren (RNA-Protein-Welt).

Wahrscheinlich entstand ein rückgekoppelter Reaktionszyklus: RNA-Moleküle katalysierten die Bildung von Proteinen. Unter ihnen waren solche, die eine Verdoppelung der RNA-Moleküle katalysierten. Dadurch wurden die katalytischen RNA- und Proteinmoleküle vorrangig gebildet. Dieses Zusammenwirken von Nucleinsäure-Verdoppelungsvorgängen mit Proteinsynthesen hat M. Eigen als „Hyperzyklus“ bezeichnet. Wenn *Mutationen* an einer informationstragenden Polynucleotidkette zu schnelleren Reaktionen führen, dann setzen sich neue RNA-Protein-Systeme im Wettbewerb mit anderen durch (Molekulardarwinismus). Der Hyperzyklus muss sich bilden, wenn einfache Polynucleotide und Peptide mit katalytischen Eigenschaften entstanden sind (Theorie von der Selbstorganisation der Materie). Nach weiteren Evolutionsschritten hat sich wahrscheinlich die chemisch stabilere DNA als Informationsträger gebildet, wobei die RNA zum Vermittler zwischen DNA und Protein geworden ist.

So ist vermutlich die Protocyte entstanden, dann allmählich der Vielzeller mit je spezifischen Merkmalen.

Bei der Ausbildung eines Merkmals am Organismus wirken in der Regel Umweltfaktor und Gen zusammen, wobei ein mit Start- und Stop-Codon begrenzter Abschnitt auf der DNA als Gen definiert worden ist. Mit dem Gen lässt sich Information aufbauen unter Einsatz von Energie (Synthese). Obwohl jedes Gen spezifische Information trägt, haben alle Gene etwas gemeinsam: das Basenquartett der DNA als *repräsentativer* Informationsträger. Vier Basen verschiedener Sequenzen (Adenin, Guanin, Cytosin, Thymin) repräsentieren alle Gene bzw. deren Informationen. Von realen Sequenzen unabhängig geht vom Basenquartett die gesamte Information des Lebewesens aus. Diese Tatsache weist auf eine *„Grundgröße" von physikalisch-biologischer* Art (8.3.1/9.2), auf ein System von Eigenschaften (primäre Klasse von Systemstrukturen), das sich in den Segmenten der natürlichen Gesetzeseinheit verschlüsselt offenbart. Bevor ich schrittweise darauf eingehe, noch eine kurze Bemerkung.

Das Basenquartett, das alle Gene repräsentiert, schließt das *physikalische* Gesetz nicht aus. Zum einen sollten die physischen Eigenschaften seiner Elemente damit erklärt werden, zum andern sollten Eigenschaften höherer Art damit zugelassen werden, nämlich solche, deren Beziehungen untereinander als *biologisches* Gesetz auftreten. Das übergreifende Kennzeichen wäre das „Leben", dem der Drang zu höherer Information innewohnte - hin zu ethischer Bekundung. Sowohl die ethische Bekundung als auch Befolgung gründet auf ererbter Lernfähigkeit, ist auf äußere Information jedoch angewiesen (Erziehung).

8. Lebensenergie der Organismen

Gefragt werden sollte nicht so sehr, ob der Materie Leben aufbauendes Potenzial eigen ist, vielmehr wie das „Leben“ zur *Entfaltung* hat kommen können! Eine Antwort könnte von der Katalyse ausgehen, die hierarchisch auftritt: physikalisch, biologisch, ethisch. Dass Materie höhere Strukturen von selbst aufbaut, steht im Widerspruch zum physikalischen Begriff der Entropie. Lebewesen sind aber, wie erwähnt, gemischte Systeme, neigen zum *Fließgleichgewicht* im biologischen Segment und zum *dynamischen Gleichgewicht* im ethischen (6.2). Ihre Entropien nehmen einerseits ab, die der einbettenden Systeme andererseits zu. Zur Klärung der Lebensentfaltung ist der Entropiebegriff, gleich dem Kausal- und Katalysebegriff, erst in *logischer Erweiterung* geeignet (4.2), auch der Energie- und Qualitätsbegriff (4.2.1). Mit dem in 6.2 erweiterten Entropiebegriff ($\Delta S'$) lassen sich Schnittstellen an der Gesetzeseinheit definieren: hin zu höheren Klassen von Systemstrukturen, was zwischen metaphysischem und physikalischem Segment (erste Schnittstelle) wohl beginnt.

8.1. Lebensenergie der Pflanze

Die zweite Schnittstelle an der natürlichen Gesetzeseinheit liegt zwischen physikalischem und biologischem Segment. Für das *physikalische* Segment ist die Entropie (bzw. Information) schon definiert worden, für das *biologische* nur vorläufig (6.2). Bezüglich der Lebensenergie (L) wird eine weitere Größe eingeführt: die *Erregung* $\Delta Q'$, nicht die Erregung der Pflanze oder die der Durchschnittszelle, sondern die des repräsentativen Basenquartetts (Durchschnittsquartett der DNA). Weil zu $\Delta Q'$ die Dimension einer Arbeit oder Energie gehört, wird das „Leben“ ebenfalls als Energie aufgefasst (erst in 8.2 werden $\Delta S'$ und $\Delta Q'$ benutzt). Gleich den Entropien lassen sich die Energien addieren, sodass die Lebensenergie der Pflanze (L_P) *definiert* wäre mit der Zahl ihrer Zellen und der Lebensenergie ihrer Durchschnittszelle: $L_P = n_1 \cdot L_Z$ (L_P proportional zu L_Z).

Jede lebende Pflanze ist autotroph, baut ihre Struktur aus anorganischen Stoffen auf, ebenso ihre Entropie bzw. Information, und zwar mittels Lichtenergie (Fotosynthese) oder chemischer Energie (Chemosynthese). Soll die Energie einer beliebigen Pflanze *empirisch* bestimmt werden, so wäre Folgendes zu beachten: Die beim Abbau gewonnene Energie (tote Pflanze) könnte - wie erwähnt - durch Verbrennen im Kaloriemeter bestimmt werden: $\Delta H = \Delta G + T \cdot \Delta S$ (6. 1). Die beim Aufbau nötige

Energie (lebende Pflanze) könnte ebenfalls empirisch bestimmt werden: $\Delta H' = \Delta G + T \cdot \Delta S + L_P$ (6. 2). Mit der Differenz beider Beträge, die sich mitteln und korrigieren ließen, wäre die Lebensenergie der Pflanze gegeben: $L_P = \Delta H' - \Delta H = n_1 \cdot L_Z$ (empirisch bestimmbar).

8.2. Lebensenergie des Tieres

Das Besondere der Tiere besteht darin, dass sie heterotroph sind: ihre Strukturen aus organischen Stoffen aufbauen, d.h. aus Pflanzen oder anderen Tieren, die als Nahrung ihnen dienen. Wichtig ist, dass nur deren *tote Körper* als Nahrung verwertet werden, deren chemische Energien. Gleich den Pflanzen lässt sich die chemische Energie *empirisch* bestimmen, überdies die Lebensenergie des Tieres: $L_T = \Delta H' - \Delta H = n_1 \cdot L_Z$ (empirisch bestimmbar).

Statistisch haben alle Lebewesen etwas gemeinsam: das repräsentative Basenquartett der DNA als Informationsträger. Aufgrund physikalisch-chemischer Befunde ist ein physisches Modell entwickelt worden. Nach ihm besteht die DNA aus zwei Polynucleotidsträngen, die über die Basen der Nucleotide zu einem schraubig gedrehten Doppelstrang verknüpft sind (Doppelhelix-Struktur). Beide Stränge sind nicht identisch, sondern *komplementär!* Jeder Strang kann als Bauvorlage für den anderen dienen. Wegen unregelmäßiger Abfolge von nur vier (4) Basen hat die DNA Information gespeichert. Je länger die DNA, desto mehr verschiedene Basenabfolgen, desto größer die Informationsmenge. Bei nur einem $^{(1)}$ Nucleotid lägen 4^1 Variationsmöglichkeiten vor, bei zwei $^{(2)}$ verknüpften Nucleotiden schon 4^2, bei dreihundert $^{(300)}$ verknüpften Nucleotiden sogar 4^{300} usw. Weil bei allen Lebewesen die DNA aus mindestens einer Million Nucleotid- oder Basenpaaren besteht, könnte jedes Lebewesen eine eigene Basen-Abfolge besitzen.

Nicht das Basenpaar, sondern das Basenquartett der DNA repräsentiert das Lebewesen. Also sollte das Basenquartett als repräsentativer Informationsträger gelten. Das ihm anhaftende „Leben“ könnte durch die *„Erregung“* zustande kommen: $\Delta Q' = L_Z / n_2$ bzw. $L_Z = n_2 \cdot \Delta Q'$, wobei n_2 die Zahl der Basenquartette meint, die man auch *„Lebensfaktor“* nennen könnte. Für die Lebensenergie des Tieres ergäbe sich dann: $L_T = n_1 \cdot L_Z = n_1 \cdot n_2 \cdot \Delta Q'$. Wenn die Erregung konstant bliebe (Erregung im Ruhezustand, 4.2), wäre die obige Gleichung für die Pflanze ebenfalls gültig (Annahme: $\Delta Q'$ = konstant und empirisch bestimmbar).

Unter *„Erregung im Ruhezustand"* verstehe ich einen „Grundzustand", der sich weiter anregen lässt. Wenn ein Lebewesen sich in einem energiereicheren als dem Grundzustand befindet, dann wird es nach einiger Zeit in eine niedere Erregung zurückfallen, wobei die freiwerdende Energie als Maß der Informationsabnahme gedeutet wird. Laut spezieller Relativitätstheorie hat jede freiwerdende Energie einen Massendefekt zur Folge und umgekehrt, ebenso jeder Ab- und Aufbau von Information (6).

Zur Erregung $\Delta Q'$ muss die Information des repräsentativen Basenquartetts gehören bzw. die Entropie $\Delta S'$. Weil $\Delta S'$ nicht die Dimension einer Energie haben kann, muss mit T' erweitert werden (nur vorläufig, T' fiktiv). Analog der Gleichung in 6.2 ergäbe sich für die Erregung des repräsentativen Basenquartetts: $\Delta Q' = T' \cdot \Delta S' = \text{konst.}$ Wird das Produkt $T' \cdot \Delta S'$ in die obige Gleichung eingesetzt, dann folgt für die Lebensenergie des Tieres: $L_T = n_1 \cdot n_2 \cdot T' \cdot \Delta S'$. Eine dritte Maßzahl ($n_3$) müsste eingeführt werden, wenn das Lebewesen höhere Information aufbauen könnte (Bewusstsein, Kultur). Da weder die Pflanze noch das Tier das leistet, soll n_3 vorerst vernachlässigt werden ($n_3 = 0$). Durch Umstellen erhält man: $T' \cdot \Delta S' = L_T / n_1 \cdot n_2$ (empirisch bestimmbar wäre $T' \cdot \Delta S'$).

1. Exkurs: Zu den anerkannten Prinzipien der Wissenschaft gehört das *Korrespondenzprinzip,* das wie folgt lautet: Die Gültigkeit einer Theorie geht nicht vollständig verloren beim Entstehen einer neuen Theorie. Die Gesetze, der mathematische Apparat usw. der alten Theorie ergeben sich aus den Gesetzen, dem mathematischen Apparat usw. der neuen Theorie, wenn ein für die neue Theorie charakteristischer Parameter einem bestimmten Grenzwert zustrebt. Die klassische Mechanik z.B. wird zum Grenzfall der relativistischen Mechanik, wenn die Lichtgeschwindigkeit auf unendlich zuliefe. Oder: Die Wellenoptik wird zum Grenzfall der geometrischen Optik, wenn die Wellenlänge gegen null ginge usw. Mit dem Korrespondenzprinzip soll das physikalische und biologische Segment der Gesetzeseinheit vorerst verknüpft werden. Als charakteristischer Parameter des biologischen Segments könnte der *Lebensfaktor n_2* gelten, der einem bestimmten Grenzwert zustrebt: dem Wert null (Alterung und Tod des Organismus, $L_{P/T} = 0$). Unter dieser Voraussetzung erscheint die Theorie vom physikalischen Segment (Physik) als Grenzfall der Theorie vom biologischen Segment (Biologie). Mehr dazu in 8.3.1.

8.3. Lebensenergie des Menschen

Die dritte Schnittstelle an der natürlichen Gesetzeseinheit liegt zwischen biologischem und ethischem Segment: zwischen Tier- und Menschenwelt. Gemäß der Gesetzeseinheit, die sich *auf- und abbaut* (Geburt und Tod, 2), ist die Evolution wahrscheinlich verlaufen. Der Mensch ist befähig, Kulturgüter bzw. ethische Information zu schaffen. Streben nach biologischem Fortleben hat im ethischen Segment abgenommen zugunsten Streben nach geistigem Fortleben (4.3.1). Von altruistischen Genen wird diesbezüglich auch gesprochen.

In der Gleichung $L_{P/T} = n_1 \cdot n_2 \cdot \Delta Q'$, die das biologische Segment charakterisiert, ist der Aufbau von ethischer Information nicht berücksichtigt. Mit der Maßzahl n_3 erst, die das ethische Segment charakterisiert und der obigen Gleichung beigefügt wird, wäre diese Information berücksichtigt: $L_M = n_1 \cdot (n_2 + n_3) \cdot \Delta Q'$, wobei $n_3 >> 0$ sein könnte. An den Produkten $n_1 \cdot n_2 \cdot \Delta Q' + n_1 \cdot n_3 \cdot \Delta Q'$ ist erkennbar, dass die Lebensenergie ein Vielfaches von $\Delta Q'$ wäre, was für die zugehörige Entropie bzw. Information ebenfalls gelten müsste. Zur Entropie $\Delta S'$ müsste, wie erwähnt, eine Information gehören (oder umgekehrt): die des repräsentativen Basenquartetts, das aus *vier verschiedenen „Zeichen"* besteht und dynamisiert ist - hin zum Aufbau des Menschen.

2. Exkurs: Die *Boltzmann*sche Entropieformel aus der Thermodynamik ($\Delta S = k \cdot \ln W$) ist mit einer Formel aus der Informationstheorie formal identisch, nämlich mit der *Shannon*schen Formel. Kybernetische Modelle unterscheiden sich von physikalischen dadurch, dass außer energetischen auch informationelle Größen berücksichtigt sind. Nach der Informationstheorie liegt die einfachste Möglichkeit für Auswahlentscheidungen dann vor, wenn der Zeichenvorrat aus zwei gleichwahrscheinlichen Zeichen besteht (Maßeinheit: ein bit, Wahrscheinlichkeit: ein halb). Liegen mehr als zwei Zeichen vor, dann könnte die Entscheidung für ein Zeichen durch mehrere Binärentscheidungen zustande kommen. Der Informationsgehalt eines Ereignisses aus vier gleichwahrscheinlichen Zeichen (zwei Binärenscheidungen) ist folglich zwei bit. Für einen Zeichenvorrat aus N Elementen ist der Informationsgehalt eines Zeichens gleich Logarithmus zur Basis zwei aus N, wieder unter der Voraussetzung, dass alle Elemente mit gleicher Wahrscheinlichkeit auftreten. Genauere Beschreibungen würden den Rahmen dieser Arbeit sprengen (gewiesen sei auf die Fachliteratur). Wichtig ist, dass sich die Entropie des repräsentativen Basenquartetts ($\Delta S'$) und folglich die des „Lebewesens im Ruhezustand" näherungsweise empirisch bestimmen lässt (vgl. 6.2/8.2).

8.3.1. Physikalisch-biologische Grundgröße (Lebensquant)

Zum besseren Verständnis einige Anmerkungen am Anfang dieses Abschnitts. Vorbehaltlich ist Folgendes bisher erkannt worden (für den Ruhezustand der Erregung $\Delta Q'$):

L_Z ist empirisch bestimmbar (8.1),
$\Delta Q'$ ist empirisch bestimmbar (Erregung und Energie der Erregung sind synonym, 6),
$\Delta S'$ ist empirisch bestimmbar (näherungsweise, 8.2/8.3),
$L_{P/T}$ sind experimentelle Ergebnisse (8.1/8.2),
n_1 / n_2 sind berechenbar.

Wenn sich $\Delta S'$ näherungsweise bestimmen lässt, dann wahrscheinlich auch T', jedoch unter Vorbehalt. In 6.2 ist die Entropie ΔS für das physikalische Segment definiert worden: Energie durch Temperatur. Im biologischen Segment ebenso wie im ethischen wäre die „Temperatur" T' als Bestimmungsgröße der Entropie $\Delta S'$ wohl kaum geeignet, könnte durch eine weitere „Grundgröße" jedoch ersetzt werden: durch das *Lebensquant j* als Analogon der Temperatur (bzw. eines Faktors zum natürlichen Logarithmus der thermodynamischen Wahrscheinlichkeit, $\Delta S = k \cdot \ln W$), was in 8.3.2 noch diskutiert werden muss. Mit dem Produkt aus j und $\Delta S'$ wäre die Erregung (8.2) neu definiert: $\Delta Q' = L_Z / n_2 = j \cdot \Delta S' = \text{konst.}$ Außer den Maßzahlen n_1 und n_2 käme für das ethische Segment die Maßzahl n_3 noch hinzu, sodass die Lebensenergie des Menschen auch neu definiert wäre: $L_M = n_1 \cdot (n_2 + n_3) \cdot j \cdot \Delta S'$. Die Entropie des repräsentativen Basenquartetts ($\Delta S'$) liefert die Gleichung davor und ebenfalls $\Delta Q'$ als Produkt aus j und $\Delta S'$. Wie verhält sich n_2 in diesem Zusammenhang? (Voraussetzung: $n_3 = 0$) Auf das *Korrespondenzprinzip* wird zurückgegriffen (1. Exkurs), aber auch auf das erste Buch (10.5).

Strebt die Zahl der Basenquartette, die Maßzahl n_2 bzw. der Lebensfaktor, dem Grenzwert null zu, dann strebt sowohl $\Delta Q'$ als auch L_M bzw. $L_{P/T}$ ebenfalls gegen null (Alterung und Tod des Organismus). Dass dies eintritt, lässt sich an Folgendem erkennen: Während der Zellteilung erhält jede Tochterzelle von jedem Cromosom eine der beiden Chromadiden mit je identischem DNA-Molekül. Zunächst wird die DNA reißverschlussartig an den Wasserstoffbrücken zwischen den Basen geöffnet, sodass komplementäre Nucleotide an den freiwerdenden Basen aufsetzen und durch das Enzym DNA-Polymerase einen komplementären Tochterstrang bilden. Jede DNA-Polymerase braucht zur Synthese eine Start-Nucleotidsequenz (Primer), an die sie weitere Nucleotide knüpfen kann. Weil die DNA-Polymerase nur an einem Ende des Primers Nucleotide verknüpft, kann die Synthese des einen Strangs kontinuierlich erfolgen, die des anderen Strangs nur stückweise: Die DNA-Polymerase muss „rückwärts" arbeiten, muss ständig an neuen Stellen beginnen. Mit der Fertigstellung eines Teilstücks erreicht sie den Primer der vorangegangenen Teilstück-Synthese, der dann abgelöst und durch DNA-Nucleotide ersetzt wird. Am Ende der Chromatide aber kann kein Primer mehr gebildet werden. Der Tochterstrang ist um das Stück bis zum letzten gebildeten Primer kürzer als der Matrizenstrang! Wegen neuer Zellteilungen entstehen immer kürzere Tochterchromatide. Infolgedessen haben Körperzellen nur eine begrenzte Teilungsfähigkeit. Die Zahl ihrer Basenquartette (Lebensfaktor n_2) nimmt mit jeder Zellteilung ab, strebt dem Grenzwert null zu und folglich $\Delta Q'$, n_3 und $L_{P/T/M}$ (Alterung und Tod des Organismus).

Hier sei erneut auf n_3 eingegangen, auf jene Maßzahl, die das ethische Segment charakterisiert und alle höheren Strukturen bzw. Informationen kennzeichnet. Ein Blick auf die letzte Gleichung lässt erkennen, dass n_1 ebenso wie $(n_2 + n_3)$ ein Vielfaches von $j \cdot \Delta S'$ bewirkt. Weil sich $\Delta S'$ proportional zu L_M verhält und auf dessen Information bezieht, müsste jede höhere Information einem Vielfachen der Information des Basenquartetts entsprechen. Folglich wären alle Kulturgüter auf das repräsentative Basenquartett bezogen, wären der Informationstheorie zugänglich. Im Folgenden eine Überprüfung als wichtige Ergänzung.

8.3.2. Diskussion anhand universeller Naturkonstanten

Nach der Quantenphysik stellt das Produkt aus *Energie* und *Zeit* eine Wirkung dar, ebenso - im Falle der Bewegung - das Produkt aus *Ort* und *Impuls.* Von keinem Körper wird Energie kontinuierlich abgestrahlt oder absorbiert, sondern nur in Mindestbeträgen: in diskontinuierlichen Energiequanten, die der *Frequenz der Strahlung* proportional sind. Diesem Phänomen liegt eine universelle Naturkonstante zu Grunde: das Plancksche *Wirkungsquantum h.* Eine zweite universelle Naturkonstante stellt die *Lichtgeschwindigkeit c* dar.

Die Informationsmenge eines jeden Körpers wird durch Abstrahlung von

Energie gesenkt, durch Absorption hingegen erhöht. Weil die Lebensenergie - wie jede Energie - gequantelt auftritt, muss für das biologische und ethische Segment je ein Mindestbetrag angenommen werden: die Erregung $\Delta Q'$ - proportional zur Entropie bzw. Information des Basenquartetts. Als Proportionalitätsfaktor wird das *Lebensquant j* angenommen, mit der Dimension einer fiktiven Temperatur (1K').

Die physikalische Katalyse könnte als Entropieänderung aufgefasst werden (Quotient aus *Aktivierungsenergie* und Reaktionstemperatur, 6.2), also: $\Delta S = \Delta Q / T$, wobei ΔQ gequantelt wäre. Analog könnte die biologische bzw. ethische Katalyse aufgefasst werden (Quotient aus *Erregung* und Lebensquant, 8.3.1), also: $\Delta S' = \Delta Q' / j$, wobei $\Delta Q'$ ebenfalls gequantelt wäre. Weil zur Klärung atomarer/molekularer Phänomene sowohl die Lichtgeschwindigkeit *c* als auch das Wirkungsquantum *h* herangezogen wird, könnten beide - unter Vorbehalt - mit dem Lebensquant *j* eine *Einheit* bilden und gemeinsam das „Leben" induzieren. Gleich einer jeden Temperatur würde der Ausdruck $n_1 \cdot (n_2 + n_3) \cdot j$ als veränderliche Größe gesehen, die sich wegen des Wirkungsquantums auf die *Thermodynamik* beziehen könnte (Lebensquant *j* und erwähnter Faktor wären analog) und wegen der Lichtgeschwindigkeit auf die *spezielle Relativitätstheorie* (innere Erregung eines ruhenden Basenquartetts entspräche der inneren Energie eines ruhenden Partikels der Masse m_{i0}). Beide Varianten der Unbestimmtheitsrelation (Produkt aus Ort und Impuls wie Energie und Zeit) schließen diese Vermutung nicht aus.

Versuchsweise soll nun das Problem der natürlichen Gesetzeseinheit mit drei universellen Naturkonstanten diskutiert werden: der Lichtgeschwindigkeit, dem Wirkungsquantum und dem Lebensquant (zur universellen Naturkonstante versuchsweise(!) erhoben). Nach drei Begriffen könnte die Materie bzw. das repräsentative Basenquartett charakterisiert werden: nach *Partikel,* nach *Photon,* nach *Erregung.* Jeder dieser Begriffe lässt sich weiterhin untergliedern: nach Energie, Frequenz und Wellenlänge. Betont sei, dass die Erregung als „Link" gelten könnte zwischen dem physikalischen und biologischen wie dem biologischen und ethischen Segment. Auch sei betont, dass die verschlüsselte Information des repräsentativen Basenquartetts in der *Frequenz der Erregung* liegen könnte (vgl. 4.2.2). Zunächst die erforderlichen Dimensionen der benötigten Größen (dim), danach deren Grundbeziehungen und Einflechtungen untereinander. Schließlich führe ich eine Dimensionskontrolle durch.

dim Wirkungsquantum = dim h = 1J sec oder 1Nm sec
dim Lichtgeschwindigkeit = dim c = 1m sec^{-1}
dim Lebensquant = dim j = 1K'
dim Energie (Partikel, Photon, Erregung) = dim E_P bzw. E bzw. ΔQ' = 1J
dim Energiedichte (elektrisch) = dim ρ_e* = 1N m^{-2}
dim Kraft = dim F = 1N
dim Impuls = dim p = 1kg m sec^{-1}
dim Geschwindigkeit = dim v = 1m sec^{-1}
dim Zeit = dim t = 1sec
dim Strecke = dim s = 1m
dim Wellenlänge = dim λ bzw. λ' = 1m
dim träge Masse = dim m_i = 1kg
dim Frequenz = dim ν bzw. ν' = 1sec^{-1}
dim Entropie des repräsentativen Basenquartetts = dim ΔS' = 1J / K'

Nun zur Charakterisierung der Materie bzw. des repräsentativen Basenquartetts (ruhend) nach analogen Begriffsstrukturen:

1. 1. Energie des Partikels
$E_P = c^2 \cdot m_i$
$E_P / m_i = \text{konst.}$ (c^2 bzw. c als Proportionalitätsfaktor)

1.2. Energie des Photons
$E = h \cdot \nu$
$E / \nu = \text{konst.}$ (h als Proportionalitätsfaktor)

1.3. Energie der Erregung
$\Delta Q' = h \cdot \nu' = j \cdot \Delta S'$
$\Delta Q' / \Delta S' = \text{konst.}$ (j als Proportionalitätsfaktor)

2.1. Frequenz des Partikels (de Broglie)
$\nu_P = v_P / \lambda_P$ ($v_P \rightarrow c$)
$\nu_P = c / \lambda_P$
$\nu_P \cdot \lambda_P = \text{konst.}$ (c als Proportionalitätsfaktor)

2.2. Frequenz des Photons
$\nu = c / \lambda$
$\nu \cdot \lambda = \text{konst.}$ (c als Proportionalitätsfaktor)

2.3. Frequenz der Erregung
$\nu' = v' / \lambda'$ ($v' = \rightarrow c$)
$\nu' = c / \lambda'$
$\nu' \cdot \lambda' = \text{konst.}$ (c als Proportionalitätsfaktor)

3.1. Wellenlänge des Partikels (de Broglie)

$\lambda_P = h / p_P$

$\lambda_P \cdot p_P = \text{konst.}$ (h als Proportionalitätsfaktor)

3.2. Wellenlänge des Photons

$\lambda = c / \nu = c \cdot h / E$ wegen $\nu = E / h$

$\lambda \cdot E = \text{konst.}$ ($c \cdot h$ als Proportionalitätsfaktor)

3.3. Wellenlänge der Erregung

$\lambda' = c / \nu' = c \cdot h / \Delta Q' = c \cdot h / j \cdot \Delta S'$

$\lambda' \cdot \Delta S' = \text{konst.}$ ($c \cdot h / j$ als Proportionalitätsfaktor)

Für v_P und v' ist c gesetzt worden (äußerlich ruht das Basenquartett). Die Erregung $\Delta Q' = j \cdot \Delta S' = \text{konst.}$ könnte empirisch bestimmt werden, dann wahrscheinlich auch $\Delta S'$. Folglich könnte j ungefähr berechnet werden.

Nur als „verhüllte" universelle Naturkonstante darf j wohl aufgefasst werden, ist als „unverhüllte" Konstante aber angenommen worden.
$\Delta Q' = j \cdot \Delta S'$ sollte als konstant sich erweisen (im Ruhezustand), was bei Lebewesen gleicher Art wahrscheinlich ist.
Nun die Dimensionskontrolle für $\underline{c \cdot h / j = \lambda' \cdot \Delta S'} = \text{konst.}$

dim Naturkonstanten $c \cdot h / j = 1\text{m J sec / sec K'} = 1\text{m J / K'}$

$1\text{m J / K'} = 1\text{m J / K'}$.

Die Dimensionskontrolle zeigt, dass beide Seiten der Gleichung dieselben Dimensionen tragen, je ein Produkt aus Länge und Entropie. Folgende Schlüsse ließen sich ziehen:

1. In j könnte die dritte universelle Naturkonstante stecken. Mindestens drei Größen sind erforderlich zum Aufstellen einer Gleichung - auch bezüglich universeller Naturkonstanten. Wenn c und h universelle Naturkonstanten wären, was nicht bezweifelt wird, dann müssten sich beide auf j beziehen und das Leben mitbestimmen, das selbst auf Entropie bzw. Information basierte - wegen J / K' (vgl. *Boltzmann*sche Konstante k).

2. Die *erste* Schnittstelle an der natürlichen Gesetzeseinheit, die zwischen metaphysischem und physikalischem Segment liegt, ist durch die Unbestimmtheitsrelationen festgelegt (2), die aus der atomistischen Struktur von Materie bzw. Energie hergeleitet worden sind.

3. Die *zweite* Schnittstelle an der natürlichen Gesetzeseinheit, die zwi-

schen physikalischem und biologischem Segment liegt, *beginnt* bei $n_2 = 1$ (vgl. 1. Exkurs).

4. Die *dritte* Schnittstelle an der natürlichen Gesetzeseinheit, die zwischen biologischem und ethischem Segment liegt, *beginnt* bei $n_3 = 0$. Mit der Entwicklung des Menschen wächst die Gesetzeseinheit bzw. das ethische Segment weiter heran, wobei $n_3 >> 0$ wird. Schon im Tierreich beginnt das ethische Segment. (In 9.4.2 wird noch die „Wirkung" herangezogen.)

Weitere Ausführungen würden den Rahmen dieser Arbeit sprengen.

9. Aspekte der natürlichen Gesetzeseinheit

Mit einer metaphysischen Bestimmung wird begonnen. Eine Metaphysik des Übersinnlichen wird hier abgelehnt, nicht eine der „spekulativen *Vernunft*" (2/10, Kant). Keine Theorie kann auf metaphysische Bestimmung ganz verzichten. Ein Minimum möge man mir gewähren.

9.1. Metaphysische Bestimmung

Naturwissenschaftliche Ergebnisse zeugen von einer ganzheitlichen, prinzipiell nicht in Teile zerlegbaren Struktur der Welt. Mit der Quantenmechanik sind Strukturen bis zu einer bestimmten Grenze hinlänglich beschreibbar. Das *Planck*sche Wirkungsquantum, das der Quantenmechanik zugrunde liegt, setzt diese Grenze (Unbestimmtheitsrelationen), die man nicht auf menschliches Unvermögen, sondern auf Eigenschaften der Natur zurückführt. Der von den Unbestimmtheitsrelationen ausgegrenzte Bereich, der sozusagen „vor" dem physikalischen liegt, ist wahrscheinlich ein System von Eigenschaften (primäre Klasse von Systemstrukturen, 4.2.1), das der Materie innewohnt, sich durch Evolution des Genotyps anreichert und als natürliche Gesetzeseinheit differenziert wirkt.

Niemand kann die vorgegebene, zur Natur gehörende Grenze verschieben und metaphysisches Geschehen ausmessen. Keine *Ursache* hinter der Grenze lässt sich objektiv bestimmen: Jede Theorie darüber ist mangelhaft (Mangel an Objektivität). Metaphysisches Geschehen pflanzt sich jedoch fort, zeigt *Wirkung* unter physikalischem, biologischem, ethischem Aspekt, erzeugt physische Strukturen, biologische Organismen, die soziale/ethische Welt insgesamt. Zur „metaphysischen Ordnung" gehören die ontologische Potenzialität (3.1), das Urschema der Evolution (5) und der Auf- und Abbau der natürlichen Gesetzeseinheit (2). Im Grunde, außerhalb des Modells, ist die Welt nicht begreifbar. Eine Erweiterung des Modells erscheint mir dennoch sinnvoll und sei hier angesagt.

9.2. Physikalische Bestimmung

Die gesamte Physik ist dadurch gekennzeichnet, reales Geschehen objektiv, vom Menschen unabhängig zu beschreiben, was weitgehend gelungen ist. Während der Beobachtung aber spielt der Mensch bzw. sein Nervensystem eine entscheidende, nicht zu beseitigende Rolle (wobei die technische Apparatur noch zu berücksichtigen wäre). Von daher wird verständlich, dass nur *Modelle* vom Gesetz der Natur möglich sind, die durch objektive Experimente (Fragen an die Natur) sowie induktive und deduktive Verfahren gestützt werden, was zu Gesetzmäßigkeiten geführt hat. Wichtig ist in diesem Zusammenhang, dass nur streng definierte Begriffe und messbare Größen für den Aufbau des Modells zugelassen werden. Das Messen also erweist sich als eine wichtige Aufgabe der Physik, verbunden mit Vorschriften und definierten Maßeinheiten.

Modelle aus der Physik zeigen, dass viele Größen auf andere zurückgeführt worden sind, z.B. die Größe Geschwindigkeit aus den Größen Länge und Zeit. Man unterscheidet deshalb *Grundgrößen,* für die keine Definition im Sinne einer Zurückführung auf schon Bekanntes gegeben werden kann, und *abgeleitete Größen,* die man aus den Grundgrößen entwickelt und definiert hat. Die Festlegung der Grundgrößen ist zwar grundsätzlich willkürlich, doch man wird solche wählen, die einfach erscheinen und für die Forschung zweckmäßig sind. Andere Grundgrößen und Ableitungen hätte man ebenfalls wählen können.

Für das menschliche Bewusstsein findet jedes Geschehen in Raum und Zeit statt, d.h. an einem bestimmten Ort und zu einer bestimmten Zeit. Weil der Ort in einem Koordinatensystem durch Längen fixiert werden kann, ist es naheliegend, die Länge als erste Grundgröße einzuführen. Dazu kommt die Zeit als zweite Grundgröße. Diese beiden Grundgrößen reichen zur Beschreibung mechanischer Vorgänge aber nicht aus. Als zweckmäßig hat es sich erwiesen, die träge und schwere Masse noch zu wählen. Aus den vier Grundgrößen Länge, Zeit, träge Masse und schwere Masse lassen sich alle übrigen mechanischen Größen ableiten und zum Aufbau eines Modells nutzen: des mechanischen Modells.

Für die übrigen Gebiete der Physik sind weitere Grundgrößen erforderlich, die das mechanische Modell erweitern - hin zu einem Gesamtmodell. Zur Beschreibung der Wärmeerscheinungen ist die fünfte Grundgröße eingeführt worden, nämlich die Temperatur, später, zur Beschreibung der elektrischen und magnetischen Körpereigenschaften, die elektrische Ladung und der magnetische Fluss, sodass sieben Grundgrößen existieren, die ein *erweitertes Modell* ermöglichen. Mit diesen Grundgrößen sind die abgeleiteten Größen ebenfalls definiert. So liefert das Produkt zweier Längen eine Fläche, das Produkt dreier Längen ein Volumen, der Quotient aus Länge und Zeit eine Geschwindigkeit usw. Auf diese Weise lassen sich alle abgeleiteten Größen als Potenzprodukte der sieben Grundgrößen Länge, Zeit, träge Masse, schwere Masse, *Temperatur,* elektrische Ladung und magnetischer Fluss darstellen und für ein erweitertes Modell nutzen. Unberücksichtigt sind gewisse Vorgänge im Atomkern, für deren Klärung vielleicht weitere Grundgrößen definiert werden müssen.

Die Quantenphysik hat den Begriff der Materie und den des Wissens erneuert. Die Unbestimmtheitsrelationen, die das Wissen begrenzen, sind Ausdruck einer ganzheitlichen, grundsätzlich unteilbaren Struktur der Welt. Scheinbar unüberbrückbare Gegensätze wie Stabilität und Instabilität, tote und lebende Materie sind angenähert worden durch den Begriff der Komplementarität als logische Erweiterung des klassischen Kausalbegriffs (Ursache-Wirkung, 2). Weil das physikalische und biologische Segment ohne eine *weitere Grundgröße* nicht überbrückt werden kann, habe ich - wegen zusätzlicher Erweiterungen (8) - das *Lebensquant* vorgeschlagen, als Analogon der *Temperatur* (bzw. eines Faktors zum natürlichen Logarithmus der thermodynamischen Wahrscheinlichkeit, 8.3.1). Die zweite Schnittstelle an der natürlichen Gesetzeseinheit läge, wie erwähnt, zwischen physikalischem und biologischem Segment.

9.3. Biologische Bestimmung

Alle Erfahrungen der Biologie sprechen dafür, dass die Gesetze der Physik (Chemie) auch für die Lebewesen gelten. Bei den Lebewesen finden sich jedoch zusätzliche Eigenschaften: Stoffwechsel, Vermehrung usw., die als Eigenschaften des Lebens gelten. Weil jede Zelle von einer anderen abstammt, gilt die aus Protoplast bestehende Zelle als Träger des Lebens. Das gesamte Zellplasma ist reizbar und folglich fähig, *Erregung* weiterzuleiten. Reizaufnahme, *Erregungsleitung* und Reizbeantwortung sind Grundfähigkeiten des Zellplasmas.

Wahrscheinlich waren die ersten Organismen einzellige Wesen, die wie die Bakterien und blaugrünen Algen noch nicht in Kern und Plasma differenziert waren, jedoch Eiweiß und Nukleinsäure enthielten. Die bekannten Vieren, denen der energieliefernde Stoffwechsel fehlt, können nicht als Lebewesen bezeichnet werden, nur als Modelle für Vorstufen von Lebewesen. Alle Lebewesen verwenden den gleichen genetischen Code, weisen die gleichen chemischen Grundbausteine auf und geben ihre Erbsubstanzen durch den gleichen Ablauf der Zellteilung weiter. Auch grundlegende Stoffwechselvorgänge (Glykolyse etc.) sind bei fast allen Organismen gleichartig. Aufgrund dieser Übereinstimmungen ist ein gemeinsamer Ursprung aller Lebewesen anzunehmen.

Zwischen der Pflanzen- und Tierwelt sind „Brücken“ erkennbar. Ein

Modell dafür ist das sogenannte Augentierchen. Auf höherem Niveau seien die Insekten fressenden Pflanzen genannt (Venusfliegenfalle, Kannenpflanze usw.), die alle Chlorophyll und Wurzeln gebildet haben und sich vorwiegend autotroph ernähren. Andere Modelle sind das Schnabeltier und der Peripatus. Zur Menschenwelt hin sei die Australopithecus- bzw. Homoerektus-Gruppe genannt.

Fossile Funde zeigen Entwicklungsreihen von einfachen zu höheren Lebewesen, sowohl bei Pflanzen als auch Tieren. Die Entwicklung geht vom Wasser zum Landleben, sodass die Reihen nur Ahnen- und Abstammungsreihen sind. Diesbezüglich ist die Homologieforschung wichtig geworden, die Abwandlungen aufzeigt, z.B. bei Sprosspflanzen bzw. deren Generationswechsel. Der Wechsel zwischen zwei Generationen, die zum einen Sporen, zum andern Geschlechtszellen bilden, gilt als Generationswechsel. Vergleiche zeigen, dass ein Generationswechsel bei allen höheren Pflanzen vorliegt, wobei die geschlechtliche Generation zurückgedrängt ist. Die Verlagerung der Befruchtung ins Innere des Sporophyten führte aus dem Wasser heraus zum Landleben. So zeigen die höchst entwickelten Pflanzen nur verkümmerte Formen des Generationswechsels, die sich auf Grund ihrer Stammesgeschichte erklären lassen. Ähnliches gilt für die Tierwelt.

Die Stammesgeschichte der Tiere nahm ihren Ausgang wohl von geißeltragenden Einzellern, die als „Wurzel" aller Lebewesen gelten können. Tiere, die sich in der äußeren Gestalt, dem inneren Bau und der Entwicklung ähneln, fasst man zu Stämmen zusammen. Innerhalb der einzelnen Stämme wird in Klassen, Ordnungen, Familien, Gattungen und Arten unterteilt. Die einzelne Art, die noch in Rassen aufgeteilt sein kann, ist die *Grundeinheit* dieses Systems, an dessen Anfang ganz einfache Formen standen, denen immer höhere folgten. Abgestufte Ähnlichkeiten der Arten lassen auf Verwandtschaft untereinander schließen. Beim Vergleich größerer Einheiten sind stufige Abwandlungen des Grundbauplans oder einzelner Organe bzw. Organsysteme erkennbar.

Solche Organe, die äußerlich nach Bau- und Nutzart verschieden sind, sich auf die gleiche Grundform aber zurückführen lassen, heißen homologe Organe. Wenn sich Organe als homolog erweisen, dann in der Regel auch alle anderen. So sind bei den Wirbeltieren nicht nur die Gliedmaße homolog, sondern das ganze Skelett, die Sinnes-, Kreislauf-, Atmungs-, Ausscheidungsorgane usw. Die *Homologie* von Organen und Organsystemen wird erkennbar, wenn man annimmt, dass die Tiere und der

Mensch von einer gemeinsamen Grundform abstammen. Überdies entwickeln sich alle echten Vielzeller aus einem Blasenkeim (Blastula), sodass nicht zuletzt deswegen deren stammesgeschichtliche Verwandtschaft angenommen werden kann.

Ein entscheidender Beleg für die Verwandtschaft aller Lebewesen ist die Homologie von Proteinen und insbesondere von Genen! Die Verwandtschaft von Lebewesen, die sich aus den Homologien von Organen ergeben haben, müssen sich auf der Ebene der Gene und Genprodukte ebenfalls zeigen, was zuerst durch vergleichende Untersuchungen von Cytochrom c - einem Protein der Zellatmung - untermauert wurde. Die Evolution dieses Proteins ist vor sehr langer Zeit von einem „Ur-Cytochrom" ausgegangen. Zwecks Demonstration wurde ein Stammbaum erstellt für die grünen Pflanzen, Pilze und Tiere - bis hinauf zum Menschen. Obwohl sich der Stammbaum des Cytochroms c nur auf eine einzige Molekülart bezieht, stimmt er gut überein mit dem, der mit Hilfe der vergleichenden Anatomie aufgestellt wurde. Mittlerweile arbeitet die molekulare Evolutionsforschung fast ausschließlich mit Nucleotid-Sequenzvergleichen, wobei das *Prinzip des kleinsten Aufwands* berücksichtigt wird: Als bester Stammbaum gilt jener, der die kleinste Zahl von Mutationsschritten aufweist. Die Zahl der Aminosäureaustausche je Zeiteinheit gilt als *Evolutionsrate,* die ungefähr gleich geblieben ist. Verschiedene Proteine unterscheiden sich aber in ihrer Evolutionsrate. Bei den Hämoglobinen z.B. ist sie doppelt so groß wie beim Cytochrom c. Wegen der je gleichbleibenden Rate ist ein weiteres Indiz für das erwähnte Urschema gegeben. Die Evolutionsrate lässt sich als „Evolutionsuhr" nutzen.

Anmerkung: Das *Prinzip des kleinsten Aufwands,* das gesondert erklärt wird (9.4.2), lässt sich auch politisch nutzen! Gegen Ende des 10. Kapitels wird darauf eingegangen - mit Hinweis auf weiterführende Literatur. Nun zum Aufbau der Lebewesen allgemein.

9.3.1. Raumstruktur des Genotyps

Die Nucleinsäuren gelten als Träger der Erbinformation. Ihre Bestandteile sind die Nucleotide, die aus je einem Zucker, einem Phosphatrest und einer stickstoffhaltigen Ringverbindung bestehen, die man als Base bezeichnet (7). In jeder Zelle befinden sich zwei verschiedene Nucleinsäuren: DNA und RNA. Zur ersten gehören die Basen Adenin, Guanin, Cytosin und Thymin. Statt Thymin trägt die komplementäre RNA meist die Base Uracil. Bei der RNA ist der Zucker die Ribose, bei der DNA die

Desoxyribose. Der Phosphatrest verknüpft jeweils das dritte C-Atom eines Zuckers mit dem fünften C-Atom des nächsten Zuckers.

Die Raumstruktur des Genotyps (DNA, RNA) entspricht dem Gesetz der Natur, ebenso die Raumstruktur des Phänotyps. In der Evolution hat die Natur viele Strukturen ausprobiert, die wahrscheinlich eine Richtung haben: die des Urschemas. Mittels Anreicherung sind Atom- und Molekülverbände entstanden, die als Erbsubstanz fungieren und sich höher entwickelt haben, nicht durch Mutation und Selektion allein, auch durch ontologische Potenzialität. Somit wären die Pflanzen, Tiere, Menschen nur sich äußernde Punkte im „Feld" des Urschemas, das unterschiedliche Freiheiten ermöglicht, seine Richtung aber beibehalten hätte.

9.3.2. Raumstruktur der biologischen Zelle

Die Synthese von Proteinen, etwa von Enzymen, beginnt an DNA-Abschnitten, wo die durch Basenfolge existierenden Informationen auf komplementäre mRNA-Stränge übertragen werden (Transkription). Durch eine Pore der Kernhülle schlüpft der einzelne Strang ins Cytoplasma der Zelle, wo er an einem dort befindlichen Ribosom beidseitig bindet. Freie Aminosäuren und tRNA, die sich im Cytoplasma ebenfalls befinden, reagieren untereinander und bilden beladene tRNA, die sich am Ribosom unter Energieeinsatz zu einer Polypeptidkette enzymatisch zusammensetzt, wobei die Basenfolge der mRNA in die Aminosäurefolge übersetzt wird (Translation). Dieser Vorgang dauert so lange, bis ein Stopp-Codon ihn beendet.

Während des Vorgangs haben sich sogenannte Chaperonen (Begleiter) an die Polypeptidkette gebunden, um an deren Faltung und Raumstruktur mitzuwirken. Den Regulationen zur Raumstruktur liegt ein komplexes Netzwerk der Weitergabe und Verrechnung von Information zugrunde mit mehreren Möglichkeiten. So kann eine Regulation während der Transkription am DNA-Abschnitt erfolgen, aber auch beim RNA-Transport aus dem Kern ins Cytoplasma oder bei der Translation am Ribosom und beim RNA-Abbau vor der Translation. Auch eine Inaktivierung der mRNA kann der Regulation dienen. Alle diese Regulationsmöglichkeiten lassen sich durch Multiprotein-Komplexe (Enzyme) steuern, die bei Bedarf entstehen und nach Beendigung der Tätigkeit wieder enzymatisch zerfallen. Als fertiges Protein hat sich das Polypeptid vom Ribosom abgelöst und seine endgültige Raumstruktur gebildet, die sich mit reduzierter Information am Merkmal dann zeigt. Die Information des DNA-Abschnitts ist nun übersetzt und auf das Merkmal übergegangen - unter Berücksichtigung der Information von beteiligten Umweltfaktoren (Temperatur, Druck, Konzentration usw.).

Zwischen der Information des Merkmals und der des Übertragens muss unterschieden werden. Die Information des Merkmals - als Endinformation - ist bestimmbar, die des Übertragens - als Zwischeninformation - vermutlich nicht. Allele Gene und verschiedene Umweltfaktoren variieren das Merkmal innerhalb festgelegter Grenzen (Modifikationsbreite, 4).

9.3.3. Raumstruktur des biologischen Organismus

Wie entsteht die Raumstruktur vieler Zellen untereinander, also die des Organismus? Alle Zellen gehen auf die befruchte Eizelle zurück, später, nach vielen Teilungen, auf die drei Keimblätter: das Ektoderm, Mesoderm und Entoderm. Eine Ausnahme bilden die Geschlechtszellen, die sich frühzeitig absondern und keinem Keimblatt zugeordnet sind. In der Anordnung der drei Keimblätter ist das Grundmuster des Organismus festgelegt (Urschema der Evolution). Im weiteren Verlauf grenzen sich die Organanlagen ab. Der bisher kugelförmige Keim streckt sich in die Länge und beginnt die spätere Körpergestalt zu entwickeln.

Auf der DNA jeder Zelle liegen nicht nur die Informationen zu deren Gestaltung, sondern auch die zur Gestaltung des Organismus insgesamt (Totipotenz jeder Zelle). Wichtig ist dabei die Erkenntnis, dass zwar jede Zelle totipotent ist, jedoch nur Teilbereiche der DNA aktiviert sind, insbesondere durch Proteine bzw. Enzyme im Plasma der einzelnen Zelle (differenzielle Genaktivierung). Alle übrigen Bereiche sind blockiert, nicht eingeschaltet. Mit zunehmender Differenzierung werden freie Potenzen der Zelle eingeschränkt. Oder anders: Aus embryonalen Stammzellen können viele verschiedene Zelltypen entstehen, aus adulten Stammzellen meist je nur einer. Aus differenzierten Zellen können aber noch vollständige Lebewesen entstehen. Diese Entdifferenzierung ist wahrscheinlich bei der Regeneration ebenfalls wirksam. Manche Tiere haben gleich den Pflanzen die Fähigkeit, aus einzelnen Stücken ihres Körpers ein Ganzes neu zu bilden. Im Allgemeinen nimmt aber die Fähigkeit zur Regeneration mit steigender Entwicklungshöhe ab. Außer der Wundheilung regenerieren Wirbel- und Säugetiere kaum noch.

Während der gesamten Entwicklung eines Organismus werden Gene und Gengruppen in unterschiedlichen Geweben aktiviert oder ausgeschaltet, wobei Stoffe (Enzyme) beteiligt sind, welche die Transkription der Gene fördern oder hemmen. Zunächst aber müssen unterschiedliche Gewebe aufgebaut worden sein. In der Frühphase des Embryos sind deshalb *determinierende* Stoffe wirksam, die ein Muster unterschiedlicher Zellaktivitäten bilden, zu dem die Körperachsen und später die drei Keimblätter gehören. Als Bedingung der Musterbildung muss jede aufgebaute Zelle darüber informiert sein, an welcher Stelle des Bauplans sie sich befindet. Die dafür erforderliche Information erhält sie u.a. durch Botenstoffe, die an Rezeptoren der Zellmembran binden und die Information ins Zellinnere schleusen. Nach *Verrechnung* können auf der cytoplasmatischen Seite der Zellmembran ganze Reaktionsketten ausgelöst werden - als Verstärkung bzw. Verminderung des Informationsflusses (4.2). Durch diese Signalketten werden Gene, welche die Entwicklung steuern, mehr oder weniger aktiviert bzw. blockiert.

Weil diffundierende Proteine an der Musterbildung bzw. Morphogenese beteiligt sind, werden sie Morphogene genannt. Eine entscheidende Rolle bei der Interaktion von Zellen spielt jedoch die sogenannte *Induktion.* Alle Zellen des Embryos sind aus der befruchteten Eizelle hervorgegangen. Die Wechselwirkung der Zellen des frühen Embryos ist für die Gestaltbildung des Organismus notwendig. Während der Wechselwirkung beeinflusst eine Gruppe embryonaler Zellen die Determinierung einer anderen durch Signalübertragung, d.h. durch Induktion oder Induktionsketten. Ein durch Induktion entstandenes Gewebe erhält selbst wieder induktive Fähigkeiten und induziert die Umbildung eines weiteren Gewebestücks, das nach der Umbildung seinerseits wieder zum Induktor wird (Aufbau durch sich selbst, hierarchisiertes Urschema).

Die drei Keimblätter gehen auf verschiedene Plasmabezirke der befruchteten Eizelle zurück. Ihre Zellarten sind durch determinierende Stoffe im Cytoplasma entstanden - mit Vorzugsbereich *„Grauer Halbmond“*. Der Differenzierung geht die Determinierung voraus: die Festlegung der Entwicklungsrichtung undifferenzierter Zellen.

In bestimmten Entwicklungsphasen sind Zellen des Keims für spezifische Entwicklungen bereit. Sie bedürfen nur noch eines Auslösers (Katalysators), um sich differenzieren zu können. Diese Bereitschaft beruht darauf, dass inaktive Informationsträger in der Zelle schon bereitliegen, welche die Differenzierung dann steuern. Durch *Induktionsstoffe* müssen sie nur aktiviert werden. Die Induktion ist also eine bedingte Aktivierung von Zellpotenzen. Bereits differenziertes Gewebe kann durch stoffliche Einflüsse um- oder entdifferenziert werden.

Alle bekannten Morphogene und Induktionsstoffe sind Proteine, die als sogenannte Transkriptionsfaktoren fungieren oder als Stoffe, die über Signalketten deren Bildung auslösen. Im menschlichen Genom sind über zwei Tausend verschiedene Transkriptionsfaktoren mit sowohl Coaktivatoren als auch Aktivatorproteinen nachgewiesen worden, durch die Transkriptionen eingeleitet, reguliert und beendet werden. Morphogene diffundieren im Zellverbund, steuern die Entwicklung der Gesamtstruktur des Organismus, also dessen räumliche Gestalt. Induktionsstoffe diffundieren nicht, wirken lokal: Eine Zellgruppe determiniert die Entwicklungsrichtung einer benachbarten Zellgruppe usw. Doch es gibt fließende Übergänge zwischen beiden Funktionen. Stets beeinflussen beide Funktionen die Aktivität der Gene. Der energetische Umsatz von Nährstoffen für einen beliebigen Organismus ist empirisch bestimmbar, der für die Zelle nur im statistischen Mittel.

9.3.4. Raumstruktur des sozialen Systems

Wie entsteht die Raumstruktur von vielen Lebewesen untereinander, also die des sozialen Systems? Hier sei auf Darwins Selektionstheorie gewiesen, die bezüglich der Stämme, Klassen und Arten freilebender *Pflanzen* und *Tiere* kausale Erklärungen liefert und in groben Zügen folgende Aussagen macht: Lebewesen einer Art variieren in ihren Merkmalen und haben viel mehr Nachkommen als zur Erhaltung der Art notwendig sind. Weil ein ständiger Wettbewerb zwischen ihnen besteht, erfolgt eine Anpassung an die Umwelt durch natürliche Selektion. Nur die gut angepassten Individuen einer bestimmten Population gelangen zur Fortpflanzung und können ihre „tauglichen" Merkmale an die nächste Generation weitergeben. Tauglichkeit (Fitness) wird also messbar anhand der Nachkommensrate von Individuen einer Art. Daraus folgt, dass sich die Arten langsam, aber stetig verändern und der Evolutionsvorgang lange Zeiträume erfordert.

Die Selektion setzt am Merkmal an: am Phänotyp, und verändert die genetische Anlage: den Genotyp. In der Soziobiologie wird nach innerartlicher und zwischenartlicher Selektion unterschieden, d.h. nach Konkurrenz um Revier, Nahrung, Geschlechtspartner etc. einerseits und nach Gefahr vor Fressfeinden, Parasiten, Geographie etc. andererseits. Als Evolutionsfaktor hat die *Selektion keine Richtung,* sondern nur die Mutation (Lehrbücher behaupten das Gegenteil). Um dies zu verdeutlichen, zwei Gedankenexperimente. Nur das zweite ist realistisch.

Erstens: Alle Frösche in einem See haben den gleichen Genotyp und den gleichen Phänotyp, d.h. Mutationen treten nicht auf (unrealistisch). Kein Frosch unterscheidet sich von einem anderen. Untereinander herrscht aber Konkurrenz. Auch befinden sich im See und um ihn herum viele Fressfeinde, sodass die Froschpopulation etwa konstant bleibt. Viele Frösche sind gefressen worden, andere haben ihren Feinden entkommen können, nur auf Grund ihrer individuellen Umwelten und Situationen. Eine Selektion hat zwar stattgefunden, ist jedoch ohne Richtung gewesen! Oder anders: Evolution bzw. Höherentwicklung hat nicht stattgefunden, ist nicht möglich gewesen.
Zweitens: Alle Frösche im selben See sind untereinander verschieden, haben verschiedene Gene und Merkmale, d.h. Mutationen treten auf (realistisch). Ihre Umwelt insgesamt hat sich nicht verändert, also auch die Zahl und Art ihrer Feinde nicht. Weil der eine Frosch besser als der andere sieht oder besser getarnt, kräftiger ist, kann er nicht nur seinen Feinden entkommen, sondern auch in der Froschpopulation sich besser durchsetzen. Evolution bzw. Höherentwicklung hat stattgefunden, und zwar auf Grund von *Mutation,* die immer eine Richtung hat (Vektor). Die *Selektion* ist zwar nötig, ist jedoch selbst richtungslos (Skala).

In der Natur gab es noch nie einen Zustand, bei dem alle Individuen einer Population gleich waren. Mutationen treten *in allen Richtungen* auf, wobei die Selektion diejenigen beseitigt, die „untaugliche“ Merkmale erzeugt haben. Die „tauglichen“ Merkmale, die nicht beseitigt wurden, füllen gleichsam einen nach „oben“ hin aufgeweiteten Freiraum, schaffen *Grenzen eines Richtungsraumes,* der dem Urschema bzw. der Evolutionsrichtung entsprechen könnte (5/9.4.1). Mutation und Selektion gehören zusammen, ergänzen sich gegenseitig, entsprechen einer Komplementarität (Ursache-Wirkung), die am Phänotyp ansetzt und sich dort auswirkt. Nur Mutationen in den Keimbahnzellen sind für die Evolution sinnvoll. Die in den Körperzellen werden an die Nachkommen nicht weitergegeben, können aber krank machen (Krebs etc.). Schon im molekularen Bereich sind Mutation und Selektion erkennbar (Molekulardarwinismus, 7).

Zu unterscheiden sind Mutationen, die zum einen von innen her, zum andern von außen her ausgelöst werden. Zu den ersten gehört die Gen- bzw. Punktmutation, die zufällig und am meisten vorkommt. Man kann nicht vorhersagen, welches Gen mutiert und wann das geschieht (Mangel an Objektivität). Dennoch muss ein Auslöser existieren, der wahrscheinlich von metaphysischer Art ist - ähnlich dem für die Radioaktivität. Mutationen treten häufig auf, erscheinen im Phänotyp aber eher selten. Bei den höchsten Vielzellern kann man davon ausgehen, dass in jedem dritten bis vierten Gameten (Eizelle oder Spermium) eine neue Mutation in einem Gen ausgelöst wird. Von metaphysischer Art muss auch jener Auslöser sein, durch den sich bestimmte DNA-Stücke „von selbst" aus dem Verband lösen und an anderer Stelle in ein Chromosom wieder einfügen (Transpositionsvorgänge = Transpons).

Außer den metaphysischen Auslösern existieren physikalische und biologische, die sowohl von innen als auch von außen kommen, z.B. Enzyme oder hochfrequente Strahlen, chemische Substanzen oder hohe und tiefe Temperaturen. Unabhängig von der Richtung wirkt jeder Auslöser letztlich nach außen. Die moderne Genetik verfügt über einige Verfahren, Mutationen gezielt auszulösen. In relativ wenigen Fällen sind künstliche wie natürliche Mutationen für das Lebewesen von Vorteil. Oft führen sie zu veränderten Enzymstrukturen, sodass bestimmte Stoffwechselschritte nicht mehr katalysiert werden können und folglich der Tod eintritt. Untaugliche Mutationen sind auf diese Weise beseitigt worden. Kurz: Selektion durch das Lebewesen selbst, was dem Urschema bzw. der Richtung der Evolution wahrscheinlich entspricht (naturgesetzliches Sterberecht).

9.4. Ethische Bestimmung

Zwischen Mensch und Tier gibt es keine scharfe Grenze. Obwohl der Mensch 46 und der Schimpanse 48 Cromosomen besitzt, stimmen beide Genome zu 98,7 Prozent überein. In einem solchen Fall würde man zwei Tierarten in dieselbe Gattung einordnen. Analysen der Genome und Proteome zeigen allerdings, dass sich Aktivitätsmuster im Gehirn von Mensch und Schimpanse erheblich unterscheiden. Hauptsächlich durch seine Gehirnleistung unterscheidet sich der Mensch von dem ihm nahestehenden Schimpansen. Die genetische Grundlage der Gehirnleistung gilt als primärer Merkmalskomplex für die Höherentwicklung allgemein. Viel weniger als der Schimpanse ist der Mensch an sein ererbtes Verhalten gebunden, viel höher ist seine ererbte Lernfähigkeit und die ihm entsprechende Freiheit. Zu seinen Ansprüchen auf Lernen und Freiheit sind Absprachen erforderlich. Technische, wirtschaftliche und soziale Wechselbeziehungen können nur mit Hilfe der Sprache/Schrift geregelt werden. Daher besteht ein *Selektionsdruck* in Richtung höherer Sprach- und Denkfähigkeit und folglich höheren Gehirnvolumens. Spezifisch menschlich ist die Fähigkeit, Ursache-Wirkungs-Beziehungen aufzudecken, auch hinsichtlich seiner selbst und seines sozialen bzw. ethischen Verhaltens. Der Ursache-Wirkungs-Zusammenhang beginnt in der metaphysischen Ordnung und reißt nach „oben“ hin nicht ab. Aufgrund *quantitativer* Veränderungen sind in der Evolution *qualitative* Veränderungen eingetreten: vom physikalischen über das biologische zum ethischen Segment. Wie gewohnt sollte der Blick von unten nach oben schweifen - wie bei den Katalysen! Ich beginne mit einer kurzen Wiederholung.

9.4.1. Kausalität und Komplementarität

Nach der Quantenmechanik sind alle natürlichen Gesetze von statistischer Art, enthalten sowohl *erkenntnistheoretische* als auch *ontologische* Unbestimmtheiten, was im Wahrscheinlichkeitsbegriff berücksichtigt worden ist (3.2). Sind die Quantenzahlen eines Objektes klein, wie z.B. bei neurologischen Phänomenen, dann dürfen die Unbestimmtheiten bzw. Wahrscheinlichkeiten in den Zustandsfunktionen nicht vernachlässigt werden. Das heißt, genaue Messungen an neurologischen Phänomenen sind nicht möglich, was den *Heisenberg*schen Unbestimmtheitsrelationen entspricht, die eine Grenze erkennen lassen - zur metaphysischen Ordnung hin. Die Produkte ihrer Bestimmungsgrößen wie Ort und Impuls oder Energie und Zeit stellen je eine *Ursache bzw. Wirkung* dar, die mit der „Erst-Ursache“ hinter der Grenze verknüpft sein könnte, dort, wo stärkste Kausalität bzw. Determiniertheit herrschen müsste. Die schwächste Art der Kausalität bzw. Determiniertheit (kleinster Zwang) müsste, wie erwähnt, im ethischen Segment herrschen (3.1).

Eine unleugbare Tatsache besteht darin, dass jedem Lebewesen eine *Potenzialität* innewohnt (ontologisch), die zum einen durch den Grundtrieb (4.3.1), zum andern durch ein festes Ziel gekennzeichnet ist: Reife bzw. Tod *(teleologische Entwicklung)*. Auch der Grundtrieb, der nach positiver Information sucht, ist letztlich auf ein Ziel gerichtet: auf *Anerkennung bzw. Gleichheit* gegenüber den Sozialpartnern! Weil die ontologische Potenzialität zu einer zeitlichen Ursache-Wirkungs-Kette führt, jedoch selbst eine „Ursache“ ohne Rückwirkung ist (Erst-Ursache), sollte besser von einem dialektischen Zusammenhang gesprochen werden. Wenn weiterhin keine Rückwirkung auf die Erst-Ursache erfolgt, dann sollte die Ursache-Wirkungs-Kette als eine endliche(!) Reihe von *Wechselwirkungen* aufgefasst werden. So gesehen wäre die Kausalität: die einzelne Ursache-Wirkung, nur ein zeitliches Moment dieser Reihe von endlichen Wechselwirkungen. Um die einzelne Erscheinung, das zeitliche Moment, besser verstehen zu können, ist die Ursache-Wirkungs-Kette zerstückelt worden.

Erst durch Zerstückelung kann das eine als Ursache, das andere als Wirkung beschrieben werden. Weil Rückwirkung auf die Erst-Ursache nicht wahrscheinlich ist, fallen Ursache und Wirkung in der metaphysischen Ordnung zusammen - anders jedoch nach „oben" hin: Im physikalischen Segment ebenso wie im biologischen und ethischen erscheint die Kausalität (Ursache-Wirkung) *aufgelockert* bzw. zeitlich getrennt (3). Eine bestimmte Erscheinung usw., die Ursache genannt wird, bringt eine andere, die Wirkung genannt wird, nicht notwendig hervor. Der Wahrscheinlichkeitsbegriff, der Zufälligkeit bzw. fehlende Notwendigkeit berücksichtigt, hat allgemeine Wichtigkeit erhalten.

Mutationen zufälliger Art werden in der metaphysischen Ordnung „verursacht". Jede Erst-Ursache führt zu einer Wirkung, die man als Produkt aus *Ort* und *Impuls* fassen könnte (*Wirkung* als Vektorprodukt). Weil Mutationen den Genotyp verändern und am Phänotyp sich auswirken, hat jede eine Richtung (Vektoren beliebiger Richtungen), deren „Tauglichkeit" durch Selektion besteht oder nicht besteht. Zur Mutation gehört die Selektion, die man als Produkt aus *Energie* und *Zeit* fassen könnte (*Ursache* als Skalaprodukt). Ursache und Wirkung stellen eine Komplementarität dar, schaffen *Grenzen eines Richtungsraumes,* der sich nach oben hin aufweitet (5/9.3.4). Auch im ethischen Segment, wo die Freiheit am größten ist, existieren Grenzen durch Komplementarität, die sowohl von innen als auch von außen „verursacht" werden kann. Im ersten Fall könnte man von „sterben" sprechen, im zweiten Fall von „töten".

Niels Bohr hat die physikalische Komplementarität als *logische Erweiterung* des klassischen Kausalbegriffs gedeutet und überdies als Spezialfall einer *universellen* Tatsache der Natur, also auch des biologischen und ethischen Segments (2/8). Nach der Evolutionstheorie hat sich eine genetisch vorprogrammierte Verhaltensstrategie entwickelt, deren Häufigkeitsverteilung stabil bleibt (evolutionsstabile Strategie, ESS). Diese *Strategie(!)* ist durch die Spieltheorie entdeckt worden, einen Zweig der höheren Mathematik. Sie geht davon aus, dass jeder Spieler auf Nutzenmaximierung ausgerichtet und von der Strategie der Mitspieler beeinflusst wird (Ursache-Wirkung bzw. actio-reactio). Den Gewinnen und Verlusten ordnet man Tauglichkeitswerte zu (Fitness) und simuliert das Spiel am Computer. So kann man z.B. Rangordnungskämpfe simulieren und nach Kommentkämpfern und Beschädigungskämpfern unterscheiden. Erstere drohen nur, verletzen aber die Rivalen nicht. In gefährlichen Situationen fliehen sie, bleiben also unverletzt. Die Beschädigungskämpfer fliehen erst nach Verletzung. Wird die *Lernfähigkeit* einbezogen - wie beim Menschen -, dann kommen Spieler hinzu, die als Kommentkämpfer beginnen und so lange Kommentkämpfer bleiben, wie die Rivalen das auch tun. Gehen diese zum Beschädigungskampf über, so handeln sie ebenso: Wie du mir, so ich dir (*Tit-for-tat-Stategie,* 4.3.2).

Ist die Tit-for-tat-Strategie erst einmal entstanden, dann wird sie zur *allein stabilen Strategie* unter fast allen Ausgangsbedingungen. „Wie du mir, so ich dir" ist zur Selbstverständlichkeit geworden (actio gleich reactio), sogar unabhängig vom Verwandtschaftsgrad. Im ethischen Sinn soll *Gleichheit* zwischen den Sozialpartnern herrschen, allerdings zeitlich gestreckt! Nicht so sehr Betragsgleichheit soll durchgesetzt werden, vielmehr *rechtliche* Gleichheit! Von daher ist das Gleichheitsprinzip anerkannt und in viele Verfassungen eingebaut worden (Gleichheit der Rechtsanwendung und Gleichheit der Rechtssetzung, Art. 1(3) GG) - abgesehen von Mängeln der realen Umsetzung! Logisch erweitert kann der Kausalbegriff (Ursache-Wirkung bzw. actio-reactio) auf die gesamte Natur angewendet werden. Ich beginne wieder mit dem physikalischen Segment.

9.4.2. Prinzip der kleinsten Wirkung

Im Kausalzusammenhang ist das Prinzip der kleinsten Wirkung wichtig, das auch *Prinzip des kleinsten Aufwands* (Strategie!) oder, vom Objekt (Ziel!) aus, *Prinzip des kleinsten Zwangs bzw. Widerstands* genannt wird und im 19. Jh. durch Hamilton die letzte mathematische Fassung erhalten hat: Bewegt sich ein physikalisches System von einem bestimmten Punkt zu einem bestimmten Ziel, dann ist der tatsächliche Weg, unter allen möglichen Wegen, immer so beschaffen, dass die Wirkung des Systems zu einem *Minimum* wird, d.h. die Summe der Produkte der beteiligten Massen, Strecken und Geschwindigkeiten. Dieses Prinzip hat sich unter allen anderen als überaus fruchtbar erwiesen, nicht nur in der Mechanik, auch in der Thermodynamik, dem Elektromagnetismus und der Quantentheorie. Schon um die Mitte des 17. Jh. hatte Fermat verkündet, dass ein Lichtstrahl zwischen zwei gegebenen Punkten immer den Weg Δs wählt, der die kürzeste Zeit Δt beansprucht: $\Delta s / c = \Delta t = \min$. (Prinzip des kleinsten Aufwands von ihm genannt). Dieser Weg ist nicht notwendig eine Gerade, sondern vom Brechungsindex des Mediums abhängig, was an Lichtbrechungen zwischen verschiedenen Medien beobachtet werden kann. Aus dem tatsächlichen Weg und der kürzesten Zeit ergibt sich die kleinste Wirkung, die sich vom Ziel aus erkennen lässt.

Seit Fermat haben viele Naturwissenschaftler - wenn auch vorsichtig - das

Prinzip der kleinsten Wirkung als einen Ausdruck für das Wirken der Natur *insgesamt* angesehen (Fermat, Leibniz, Maupertuis, Planck u.a.). Trotzdem konnten sich jene Physiker des 19. Jahrhunderts durchsetzen, die dem Prinzip keine *teleologische* Bedeutung zuordnen wollten. An dieser Stelle sei auf eine Bemerkung Plancks gewiesen, die im Vortrag „Religion und Naturwissenschaft“ (Leipzig, 1937, S. 25) gemacht worden ist. Planck stellt zwar fest, dass es sich beim Prinzip der kleinsten Wirkung „lediglich um eine der Form nach verschiedene, sachlich jedoch vollkommen gleichberechtigte Betrachtungsweise“ handelt, wie sie auf physikalischer Kausalität basierte Prinzipien ausdrücken; zugleich aber betont er, „dass die theoretisch-physikalische Forschung in ihrer historischen Entwicklung auffallenderweise zu einer Formulierung der physikalischen Ursächlichkeit geführt hat, welche einen ausgesprochen *teleologischen* Charakter besitzt.“ (3.1)

Die Kausalität (Ursache-Wirkung bzw. actio-reactio) könnte als Komplementarität aufgefasst werden, die sich aus zwei Vektoren bzw. zwei Skalaren zusammensetzt, die sich einerseits ergänzen, sich andererseits widersprechen (Gegensatzpaar, 2/9.4.1). Dem Prinzip der kleinsten Wirkung (bzw. Ursache) ist das einzelne Glied der Kette wahrscheinlich genauso unterworfen wie die gesamte Kausalkette, schon allein deswegen, weil weniger die Kette die Glieder als die Glieder die Kette bestimmen. Um dies zu begründen, sei auf die Punkte 6 und 8.3.2 gewiesen. Aus Punkt 6 wird der Massendefekt herangezogen, aus Punkt 8.3.2 die Begriffsstruktur. Vorsorglich sei wiederholt, dass bei exothermer Reaktion, in der *„Erregung“* bzw. *„Aktivierungsenergie“* abgebaut wird, sich die Masse verringert (6). Oder: Bei Massendefekt wird Information abgebaut, bei Massenzuwachs aufgebaut (endotherme Reaktion: Synthese).

Gemäß dem *Einstein*schen Gesetz von der Äquivalenz zwischen träger Masse und Energie muss die Masse Information tragen! Hier nun eine Begründung für das Prinzip der kleinsten Wirkung unter Berücksichtigung der universellen Naturkonstanten, die wahrscheinlich alle Segmente der natürlichen Gesetzeseinheit bestimmen: das physikalische, biologische und ethische Segment. Im ersten Fall wird der Massendefekt Δm berücksichtigt, dem eine Verminderung der Energiedichte der Elektronen ρ_e* entspricht, bezogen auf ein bestimmtes Volumen V_e im Raum der Elektronen. Aus der *Schrödinger*schen Wellengleichung nämlich folgen verschiedene Verteilungsfunktionen, aus denen sich die Elektronenformen wiederum ergeben. In allen drei Fällen wird die kürzeste Zeit Δt

angenommen (c, h und j sind Maximal- bzw. Minimalwerte für sowohl v als auch $n \cdot h$ als auch $n \cdot j$; siehe dazu 8.3.2).

4.1. Wirkung des Partikels

$\Delta E = c^2 \cdot \Delta m = \rho_e{*} \cdot V_e$ — erweitern mit Δt

$\Delta E \cdot \Delta t = \underline{\rho_e{*} \cdot V_e \cdot \Delta t}$ => min. (kleinstes Δt *und* weil $\rho_e{*}$ kleiner geworden ist)

4.2. Wirkung des Photons

$\Delta E = h \cdot \nu$ — erweitern mit Δt

$\Delta E \cdot \Delta t = \underline{h \cdot \nu \cdot \Delta t}$ => min. (kleinstes Δt *und* weil $n \cdot h$ zu h geworden ist)

4.3. Wirkung der Erregung

$\Delta Q' = j \cdot \Delta S'$ — erweitern mit Δt

$\Delta Q' \cdot \Delta t = \underline{j \cdot \Delta S' \cdot \Delta t}$ => min. (kleinstes Δt *und* weil $n \cdot j$ zu j geworden ist; laut 1. Exkurs folgt daraus *Tod;* bei max. $\Delta S'$ ist die Information auch min.)

An der natürlichen Gesetzeseinheit sind drei Schnittstellen definiert worden, wo qualitative Veränderungen beginnen, auch hinsichtlich der Katalysen, von der physikalischen bis zur ethischen Katalyse. Man darf vermuten, dass alle Katalysen dem Prinzip der kleinsten Wirkung (des kleinsten Zwangs bzw. Widerstands) letztlich folgen. In der physikalischen Katalyse stellt sich ein Zustand ein, bei dem die Geschwindigkeit von Hin- und Rückreaktion gleich groß ist, was als *Gleichgewichtszustand* bezeichnet worden ist (4). Die *Maxwell*sche Theorie des elektromagnetischen Feldes z.B. geht von schwingenden Ladungen aus, die im Wechselspiel zwischen elektrischen und magnetischen Feldern Energie an den Raum abgeben, und zwar gleichgewichtig. Jede elektrische Feldänderung führt zur Entstehung eines magnetischen Feldes und umgekehrt. Die Felder vermögen sich gerade dann gegenseitig aufrechtzuerhalten, wenn ihre Vektoren sowohl senkrecht zueinander als auch senkrecht auf dem Geschwindigkeitsvektor der gesamten Welle stehen. Wenn die Ladungen plötzlich nicht mehr schwingen oder sich nicht mehr verändern, dann werden die Felder elektrostatisch. Doch die vorher erzeugte Serie von Schwingungen pflanzt sich als Welle im Raum weiter fort. Gemäß der *Maxwell*schen Gleichungen ist die Energie des elektrischen Feldes genauso groß wie die des magnetischen Feldes bei Lichtgeschwindigkeit.

Oder anders: Die Energiedichten beider Felder sind bei Lichtgeschwindigkeit gleich groß: $\rho_e* = \rho_m*$. Der *Gleichgewichtszustand* wurde hergestellt, der des kleinsten Zwangs bzw. Widerstands! Dass dieser Zustand existiert, macht der *Fermat*sche Satz ebenfalls deutlich. Im biologischen und ethischen Segment übrigens entwickelt sich die „Wirkung der Erregung“ (s. oben!) auf den individuellen *Tod* - das Ziel - hin.

Hier ein Zitat aus dem „Gilgamesch-Epos“, einer Rede an den König von Uruk (um 2800 v. Chr.), der auf die Suche nach Unsterblichkeit gegangen war, sie verfehlte und als „Unwissender“ starb: „Gilgamesch, wohin läufst du? / Das Leben, das du suchst, wirst du sicher nicht finden! / Als die Götter die Menschheit erschufen, / Teilten den Tod sie der Menschheit zu, / Nahmen das Leben für sich in die Hand ...“ (10. Tafel).

Für das biologische und ethische Segment sollte das Prinzip der kleinsten Wirkung sowohl von der *Strategie(!)* als auch vom *Ziel(!)* aus hinterfragt werden. Analog der Zelle ist der Organismus ein offenes bzw. geschlossenes System, das Stoffe bzw. Informationen aufnimmt und in veränderter Form wieder abgibt. Auf die embryonale Entwicklung des Menschen sei hier gewiesen, die sozusagen automatisch abläuft (naturgesetzlich) und einen ausgesprochen *teleologischen* Charakter besitzt - weitestgehend ohne ererbte Lernfähigkeit. Trotz des teleologischen Charakters aber ist die embryonale Entwicklung des Menschen nicht gänzlich starr. Sie bewegt sich in Grenzen der Freiheit, hat schon Spielraum, der im sozialen Verhalten größer und größer wird, auf Grund von *ererbter* Lernfähigkeit.

Im Fließgleichgewicht von Reaktionsketten, die für offene Systeme typisch sind, werden zufließende Stoffe bzw. Informationen in andere umgebaut und als solche dann abgegeben, wobei jede Zwischenreaktion durch ein eigenes Enzym katalysiert wird. Reaktionsketten ähnlicher Art sollen in Richtung kleinsten Zwangs bzw. Widerstands laufen (Ziel), aber nicht in physischer Hinsicht allein, sondern auch in affektiver, ja kognitiver Hinsicht (Nervenzellen, 4.2/4.2.1). Im biologischen Segment dominiert noch die sogenannte Erbkoordination (4.2.3), die durch Schlüsselreiz ausgelöst wird und eine relativ starre, genetisch vorgegebene Abfolge von Bewegungen meint, so z.B. das Balzverhalten von Tieren oder das Saugen eines neugeborenen Kindes an der Mutterbrust oder das erwähnte Kindchenschema (4.3). Anders als beim Reflex ist das Auslösen der Erbkoordination vom inneren Zustand des Individuums abhängig, der ein Such- und Annäherungsverhalten auslöst (Appetenzverhalten) und als Motivation oder Handlungsbereitschaft bezeichnet wird. Ein Kleinkind z.B. sucht seine Mutter, läuft umher, schreit. Beim Wahrnehmen der Mutter erfolgt die gezielte Annäherung, um den Kontakt herzustellen. Mit zunehmendem Alter verändert sich das Verhalten des Kindes. Aufgrund von *ererbter Lernfähigkeit* kann der Mensch die Wirkung von Schlüsselreizen kontrollieren und verändern, bis hin zu erlernten Auslösemechanismen, die vollkommen neu entstehen und *nur auf Lernvorgängen* beruhen. Das Prinzip des kleinsten Zwangs bzw. Widerstands (Ziel) wird durch freie Entscheidung und egoistisches Verhalten auch gestört! Was ist dagegen zu tun?

In der Evolution hat sich altruistisches Verhalten, neben egoistischem, nachhaltig durchgesetzt, was die Soziobiologie belegen konnte. Die Tendenz zum altruistischen Verhalten ist einerseits angeboren, andererseits modifizierbar. Von daher ist der Altruismus bedürftig und auf Lernvorgänge angewiesen - zwecks Verstärkung im positiven Sinne, was Kirchen, Schulen usw. nicht vergessen sollten! Der Altruist hat in eine zukünftige Gegenleistung investiert, die gewährt werden sollte. Wechselseitiger Altruismus ist stabil, wenn die meisten der beteiligten Individuen ein *gutes Gedächtnis* haben, was in politischer Hinsicht nur mangelhaft zutrifft. Das politische Bewusstsein sollte folglich unterstützt werden: durch *Kopfverstärker (vernetzte Computer).* Im ethischen Segment verlangt die natürliche Gesetzeseinheit kulturelle Unterstützung - der individuellen Freiheit wegen, die zum Missbrauch verleiten und beidseitig verletzen kann. Als Ziel gilt das *dynamische Gleichgewicht* (quasi das eines geschlossenen Systems), bei dem die hin- und rückfließende Energie bzw. Information ungefähr gleich ist und keiner der Sozialpartner auf Kosten des anderen lebt (4/4.3). Im nächsten Kapitel erst soll darauf eingegangen werden. Zuvor ist zu klären, wie das staatliche Gesetz zur natürlichen Gesetzeseinheit sich verhält.

9.4.3. Potenzialität und Wechselwirkung

Reale Systeme haben verschiedene Potenzialitäten, die je auf ontologischer Potenzialität basieren (3.1). Bei miteinander gekoppelten Systemen bestimmt das höher entwickelte das niedere in stärkerem Maße als umgekehrt. Die Potenzialitäten der Systeme aber müssen je der natürlichen Gesetzeseinheit folgen bzw. deren Segmenten (wobei das höhere Segment die niederen in sich trägt). Um dies zu verdeutlichen, seien einige Beispiele genannt. Zwei „tote“ Körper haben an Ladung, Schwere usw. verschiedene Potenzialitäten. Die Wechselwirkung zwischen ihnen findet im physikalischen Segment der natürlichen Gesetzeseinheit statt. Sind weiterhin ein toter Körper und ein lebender Organismus miteinander verkoppelt, dann findet die Wechselwirkung ebenfalls nur im physikalischen Segment statt. Zwei lebende Organismen aber wirken sowohl physikalisch als auch biologisch aufeinander, also im biologischen Segment, und zwar je nach ihrer Potenzialität. Eine Maus beispielsweise ist einer Katze gegenüber unterlegen, ebenso ein Kind gegenüber einem Erwachsenen (nicht in jeder Hinsicht). Nur im zweitgenannten Fall wirken beide im ethischen Segment aufeinander. Ist weiterhin ein Mensch mit einem toten Körper verkoppelt, dann wirken beide nur im physikalischen Segment aufeinander, also der Mensch nur mit seiner physischen Potenzialität (Knochenbau, Muskelstärker usw.). Eine Wechselwirkung im ethischen Segment kann in diesem Fall nicht stattfinden. Physikalische, biologische und ethische Systeme nämlich wirken nur bis zum Niveau des niedrigst entwickelten Systems aufeinander.

Im biologischen Segment der natürlichen Gesetzeseinheit sind die verschiedenen Potenzialitäten der Pflanzen und Tiere durch physikalisch-biologische Evolution entstanden. Ein Hai beispielsweise hat ohne eigenes Zutun eine höhere Potenzialität als ein Hering, ein Löwe eine höhere als ein Hase (nicht in jeder Hinsicht). Alle Tiere verfügen über keine äußeren *Handlungsverstärker* bzw. *Mittel zur Freiheit,* sind nicht befähigt, Werkzeuge, Geräte, Maschinen herzustellen zwecks Steigerung ihrer Potenzialitäten. Erst im ethischen Segment ist diese Fähigkeit hervorgewachsen, sprich: beim Menschen, der als kulturschaffendes und geschichtsbildendes Wesen gilt.

Die geschaffenen und eingesetzten Handlungsverstärker sind nicht von physikalischer Art allein. Einzelne Personen und Gruppen sind in der Lage, sowohl Pflanzen als auch Tiere als auch Menschen, ja ganze Völker zu manipulieren bzw. zu versklaven, um auf deren Kosten leben und sich höher entwickeln zu können (6.2). Soweit die manipulierten Wesen - samt Werkzeugen, Maschinen, Waffen - einheitlich fungieren und einem übergeordneten Willen folgen, gelten sie als physikalische, biologische, ethische Handlungsverstärker des ihnen übergeordneten Willens, dessen Potenzialität viel stärker sein kann als die des ursprünglichen Willens. Weil der innere Ablauf solcher Handlungsverstärker verlässlich sein muss, sind Absprachen erforderlich, und zwar schriftlich fixiert. Auf höchstem Niveau kann ein solcher Handlungsverstärker zum Staat werden (Exekutive, Judikative), die zugehörigen Absprachen zum staatlichen Gesetz - erlassen durch die Staatsführung (Legislative). Staat und Staatsführung sind dem natürlichen Gesetz unterworfen, genauer: dem physikalischen, biologischen und ethischen Gesetz. Als *Gesetz allgemein* ist das natürliche und staatliche Gesetz bezeichnet worden: als „primäres Prinzip gewissermaßen“ (Schlusssatz des ersten Buches).

Der Staat gilt als Denk- und Handlungsverstärker der übergeordneten Staatsführung (Gesetzgebung) - zwecks Regulierung zugehöriger Individuen, Gruppen, ja der Gesellschaft insgesamt. Durch das staatliche Gesetz hat die Gesellschaft auch solche Strukturen erhalten, die als ungerecht bezeichnet werden: Mit Hilfe des staatlichen Gesetzes haben sich Minderheiten, die an der Gesetzgebung (Staatsführung) direkt oder indirekt beteiligt sind, stärkere Potenzialitäten aneignen oder aufbauen können als die zugehörigen Mehrheiten, ohne sonderliche Fähigkeiten oder Leistungen der Minderheiten, was sich weiterhin auf deren Nachkommen übertragen lässt. Jede Potenzialität aber - egal wie hoch und wodurch - ist dem natürlichen Gesetz unterworfen. Weil sich Potenzialitäten durch das staatliche Gesetz zwar bilden, jedoch dem natürlichen Gesetz folgen, ist die Bezeichnung „Gesetz allgemein“ gewählt worden, was dem Begriff der *Information* entspricht.

NACHTRAG: Unter Berücksichtigung des ersten und dritten Buches (s. Literaturliste ganz unten) ist das Modellsystem in sich schlüssig geworden, in dem das *Prinzip der kleinsten Wirkung* zum *primären Prinzip(!)* erhoben worden ist - also nicht das Gesetz allgemein (natürliche und staatliche Gesetz), zu dem das Prinzip der kleinsten Wirkung aber gehört. Zwar weist der letzte Satz des ersten Buches auf das „Gesetz allgemein“, jedoch nur als „primäres Prinzip gewissermaßen“. Bezüglich des Handlungskonzepts (Strategie: *drittes*/viertes Buch) soll das Prinzip der kleinsten Wirkung noch sittlich begründet werden - hin zur sittlichen Freiheit bzw. echten Demokratie (Ziel).

10. Kulturelle Evolution

Aufgrund höherer Freiheit und ererbter Lernfähigkeit kann der Mensch sein Schicksal viel mehr selbst beeinflussen als jedes andere Lebewesen. Er kann über die Natur, deren Gesetz und über sich selbst nachdenken. Er kann Werkzeuge produzieren, die zur Herstellung anderer Werkzeuge dienen. Alle Produkte dieser Art erweitern, verstärken und verfeinern seine Glieder, seine Organe und Sinne, sein Gehirn und Nervensystem, d.h. seine ererbte Denk- und Lernfähigkeit. Was die Natur in langen Zeiträumen entwickelt hat, potenziert sich durch sich selbst (9.3.3) - hin zur verwirklichten Idee bzw. Freiheit: zur Welt des Geistes aus ihm selbst hervorgebracht als eine zweite Natur (Hegel). Dieses Streben nach Freiheit entspricht der Neigung zum *kleinsten Zwang bzw. Widerstand (Ziel).* Als Idee der Vernunft soll die Neigung sich verstärken, über die Natur hinauswachsen, jedoch selbst Natur bleiben. Wie ist die Geschichte der Menschheit verlaufen? Was ist die Aufgabe der Menschheit insgesamt?

Durch Kultur schafft sich der Mensch eine „zweite Natur“. Die kulturelle Evolution verläuft zur biologischen parallel. Was für die biologische Entwicklung die *Mutationen* sind, sind für die kulturelle Entwicklung die *Ideen.* Zwar treten die Ideen ebenso spontan auf wie die Mutationen, jedoch werden weniger brauchbare schon vor ihrer Verwirklichung verworfen. Folglich verläuft die kulturelle Evolution viel schneller als die biologische. Erst der Mensch der Neuzeit aber durchläuft in rascher Folge viele Kulturstufen. Die Möglichkeit der Informationsweitergabe an alle Individuen einer Gesellschaft hat erst mit dem Buchdruck und der Renaissance begonnen. Durch den Buchdruck konnte das griechische und römische Denken wiedergeboren werden, konnten neue Ideen ebenso wie bestehende verbreitet werden. Die Geschichte der Menschheit ist nicht die Geschichte der Herrscher, Kriege usw., sondern die der Ideen - analog der Mutationen (was in jedem meiner Bücher berücksichtigt worden ist).

Die zuerst aufgesogenen Ideen waren die nach größerer Freiheit, was Reformation, Humanismus, Bauernkrieg usw. belegen. Im Mittelalter war das Leben auf das Jenseits ausgerichtet. Der Mensch sollte zur Demut, zum Glauben und zum tätigen Glied der Kirche geführt werden. Viele große Baumeister und Bildhauer blieben unbekannt. Der Künstler ebenso wie das Individuum allgemein war relativ unwichtig. Nun ist die mittelalterliche Ordnung zusammengebrochen. Der Mensch vollzieht die Wende von innen nach außen: Porträt und Selbstporträt treten hervor. Der Strukturwandel erfasst alle Lebensbereiche. In der Renaissance wird das

Prinzip der modernen Wissenschaft geboren! Eine autonome und voraussetzungslose Forschung kündigt sich an - als Idee der Vernunft! Philosophie und Naturwissenschaften wenden sich gegen das scholastische Denken und die verstaubten Autoritäten. Rationalismus, Empirismus, Sensualismus sind die wichtigsten Ideen. Das führt dazu, dass die Gegenwart, analog der Biologie, als Ergebnis eines langen und dramatischen Prozesses aufgefasst wird, oder umgekehrt: die Vergangenheit als eine Vielzahl von Etappen in der Herausbildung der Gegenwart (Hegel). Die Geschichte der Menschheit verläuft in Richtung *sittlicher Freiheit,* oder anders: in Richtung kleinsten Zwangs bzw. Widerstands (Ziel).

Auch die kulturelle Evolution könnte anhand eines Stammbaums zurückverfolgt werden, wobei die Ideen und Ideologien den Mutationsschritten entsprächen. Man erinnere diesbezüglich die Nucleotid-Sequenzvergleiche, die Homologie in Stammbäumen von Proteinen und Genen (9.3). Sowohl die Naturphilosophie als auch die Soziologie als auch die Ethik könnten je ein Standardmodell entwickeln und mit der Biologie synchron arbeiten (Reduktion von Information). Dieser Gedanke ist in der *Kant*schen Philosophie schon angedeutet.

Kants Schriften sind eine zeitlose Quelle der Moral und kritischen Philosophie. Sie beginnen damit, endgültig klarzumachen, dass eine *natürliche* Grenze der Erfahrung existiert und nicht überschritten werden kann (vgl. Unbestimmtheitsrelationen). Hier soll nur vom Ziel seiner Schriften gesprochen werden: vom „Grundgesetz der *reinen* praktischen Vernunft" als Idee gegen die Gleichgültigkeit und Entfremdung des Menschen. Viel zu niedrig würde der Einzelne die Vernunft einordnen, wenn er deren „pragmatische" Funktion nur sähe: persönliches Glück, materieller Wohlstand usw. Der Egoismus verleitet dazu, sich zu verstellen, sein wahres Handeln zu verstecken. Weil sich die Vernunft eher oberflächlich zeigt, sollte ihr Wesen aufgespürt werden. Den Einzelnen könnte sie würdig machen, auffordern, die beschwerliche Tat zu üben: Selbsterkenntnis! Die Natur muss einen Sinn haben, schon wegen des Gewissens als Urteil der Vernunft. Ihn zu *entschlüsseln,* muss möglich sein. Die „Kritik der reinen Vernunft" führt notwendig zur Wissenschaft, die über die Möglichkeit der Metaphysik entscheiden und von der Grenze möglicher Erfahrung ausgehen muss - auch spekulativ! Die Metaphysik der *„spekulativen Vernunft" (2/9)* wäre das, was man im engeren Sinne Metaphysik zu nennen pflegte. Das bedeutet, dass man darauf verzichtet, die Metaphysik als Wissenschaft vom Übersinnlichen zu etablieren. Folglich ist die Metaphysik als Erkenntnis des Übersinnlichen verworfen! Stattdessen ist der

Weg frei für eine Metaphysik, die zum *Gesetz allgemein* führt (natürliches und staatliches Gesetz, s. Schlusssatz meines ersten Buches).

Als wesentliche Funktion der Vernunft gilt die *allgemeine* Gesetzgebung, die vom „Grundgesetz der *reinen praktischen* Vernunft" ausgehen muss: „Handele so, dass die Maxime deines Willens jederzeit zugleich als Prinzip einer *allgemeinen(!)* Gesetzgebung dienen könne." (Kritik der *praktischen* Vernunft, § 7). Mit diesem Formalismus, der auch moralisches Gesetz oder Sittengesetz oder kategorischer Imperativ genannt wird, ist das einzige Faktum(!) der *„reinen* Vernunft" gegeben, die sich dadurch als ursprünglich *gesetzgebend* ankündigt. Gefasst ist das Sittengesetz als Prinzip: als *natürliches(!)* Prinzip, was zur Annahme der natürlichen Gesetzeseinheit berechtigt hat (Hypothese, 2). Nach Kant liegt das Ethische nicht auf der Ebene des Wissens: Es zeigt sich im moralischen Verhalten, das durch die physische, affektive und kognitive Komponente zustande käme (4.2.1/2). Der richtige Gebrauch der praktischen Vernunft hat im praktischen Tun seinen berechtigten Platz. Das Sittengesetz ist ins Grundgesetz aufgenommen worden (Art. 2 (1).

Kants Schriften sind *juristisch* charakterisiert, stellen Grenzen bzw. Rechte und Pflichten sicher, weisen böse Praktiken zurück. Am tiefsten zeigt sich der juristische Charakter in der wesentlichen Funktion der Vernunft: der *staatlichen* Gesetzgebung! Die Idee des in der Vernunft liegenden Sittengesetzes entspricht dem persönlichen Gewissen und, religiös gewendet, dem wichtigsten Ausspruch des Propheten Jeremia über den *Neuen Bund:* „Spruch des HERRN: ‚Ich lege mein Gesetz in ihr Inneres und schreibe es ihnen ins Herz. Dann brauchen sie einander nicht mehr gegenseitig zu belehren: Erkennet den HERRN.'" (Bibel, Jer 31,33f) Mit dem Gesetz des HERRN ist die Goldene Regel gemeint, das größte Gebot im(!) Gesetz des Rechts: „Du sollst den HERRN, deinen Gott lieben ... und deinen Nächsten *wie(!)* dich selbst." (Bibel, Mt 22,36-40) Das Wort „wie" bezieht sich nicht auf das Persönliche allein, sondern auch auf die staatliche Gesetzgebung, die dem *„Reich Gottes"* nach außen sich weihende Handlung. Es weist auf das *Gleichheitsprinzip,* dessen zwei Komponenten: die Gleichheit der Rechtsanwendung und die Gleichheit der Rechtssetzung (Art. 1(3) GG). Oder anders: Sowohl das Gewissen als auch das Sittengesetz als auch die Goldene Regel als auch das Grundgesetz (Art. 1, 3, 33) fordern das Gleichheitsprinzip, insbesondere die *Gleichheit der Rechtssetzung* - als Idee der Vernunft, die der Tit-for-tat-Strategie entspricht (wie du mir, so ich dir, 4.3.2). Wie ist das zu verstehen?

Bei miteinander *gekoppelten* Sozialsystemen bestimmt das höher entwickelte das niedere in stärkerem Maße als umgekehrt. Diesbezüglich sei die Entwicklung allgemein gekennzeichnet. Durch Mutation und Selektion haben sich einerseits egoistische, andererseits altruistische Dispositionen durchgesetzt, die als Gegensatzpaar der Tit-for-tat-Strategie unterliegen. Die egoistische Disposition gehört mehr zum biologischen, die altruistische mehr zum ethischen Segment. Weil sowohl biologische als auch ethische Systeme offen bzw. geschlossen sind, entstehen Mischverhältnisse: *Fließgleichgewichte* ebenso wie *dynamische Gleichgewichte* von Energien bzw. Informationen (4.3/8). Die Neigung zum Fließgleichgewicht (egoistische Disposition im biologischen und ethischen Segment) vermindert die Entropie des *eingebetteten* Sozialpartners, der seine Ordnung anreichert und auf Kosten des *einbettenden* Sozialpartners lebt (Versklavung, Ausbeutung, 4/6.2). Andererseits besteht die Neigung zum dynamischen Gleichgewicht zwischen den Sozialpartnern (altruistische Disposition im ethischen Segment), wobei der Hin- und Rückfluss von Energie bzw. Information ungefähr *gleich(!)* ist und keiner der Sozialpartner auf Kosten des anderen lebt. Der kleinste Zwang bzw. Widerstand (Ziel) wird im *dynamischen Gleichgewicht* erreicht und beruht auf Freiwilligkeit, Solidarität, Absicherung, was durch Austausch von Geschenken, Freundlichkeiten usw. in allen Kulturen gepflegt wird. Zum evolutiven Erbe gehören Mitleid, Mitgefühl und Solidarität.

Geschenke, Freundlichkeiten usw. werden auch als Lockmittel (Auslöser) benutzt, im Großen wie im Kleinen. Wechselseitiger Altruismus, der auch in Verbrechersyndikaten vorkommt, setzt ein gutes Gedächtnis der beteiligten Personen voraus, was die meisten in Sachen „Politik" überfordert. Wegen der egoistischen Disposition sollte das Gedächtnis, wie erwähnt, unterstützt werden durch Kopfverstärker (vernetzte Computer). Analog der biologischen Evolution, die an Mutationsschritten der DNA-Sequenzen erkennbar ist, sollte die kulturelle Evolution verlaufen - basiert auf der Tit-for-tat-Strategie(!) als *evolutionsstabiler* Strategie (ESS, 4.3.2/9. 4.1). In der politischen Arbeit sollte das Prinzip der kleinsten Wirkung beachtet werden, das, wie erwähnt, verschiedene Namen trägt und einerseits *Prinzip des kleinsten Aufwands* (Strategie!) genannt wird.

In allen Schriften habe ich die „Entwicklung" thematisiert - letztlich die der Gesellschaft und des politischen Systems. Ohne auf die Schriften eingehen zu wollen, sei 1. das Ziel betont: Der *genetischen Anlage* des Organismus (DNA) entspricht die *soziale Anlage* der Gesellschaft, die *personelle Zusammensetzung der gesetzgebenden Parlamente!* Das Berufsprofil der gesetzgebenden Parlamente sollte mit dem der Gesamtbevölkerung etwa übereinstimmen, was der *Gleichheit* der Rechtssetzung entspräche (größtes Gebot im(!) staatlichen Gesetz). 2. die Strategie: Die soziale Anlage sollte gezielt verändert werden, was dem Prinzip des kleinsten Aufwands entspräche. Frage: Was nützt die *Gleichheit* der Rechtsanwendung, wenn die Gesetze selbst ungerecht sind? Justitia, die Verkörperung der Gerechtigkeit, sollte an Orten der Rechtsanwendung (Gericht, Verwaltung) und an Orten der Rechtssetzung (Parlament) aufgestellt werden. Das Gleichheitsprinzip hat zwei Komponenten - ist komplementär!

In der kulturellen Evolution ist der Kopfverstärker entwickelt worden, der als Idee der Vernunft deren Funktion verstärken soll, genauer: deren *gesetzgebende* Funktion. Nach der *Kant*schen Ethik ist der praktischen Vernunft, vor aller Erfahrung, das Sittengesetz eingeschrieben - als einziges Faktum(!) der reinen Vernunft, die sich dadurch als ursprünglich gesetzgebend ankündigt. Das Sittengesetz ist der *natürlichen Gesetzeseinheit* zugeordnet worden (Hypothese, 2), die insgesamt Freiheit zulässt und selbst die Funktion der praktischen Vernunft entwickelt hat - hin zum kleinsten Zwang bzw. Widerstand (Ziel). Die Ethik (Religion) ist bedürftig, auf Unterstützung angewiesen (Kopfverstärker), sollte - begrenzt - als *Naturwissenschaft* aufgefasst werden (vgl. 3.2).

Das Prinzip der kleinsten Wirkung erstreckt sich sowohl auf die *Strategie* (kleinster Aufwand) als auch auf das *Ziel* des Handelns (kleinster Zwang bzw. Widerstand). Zum kleinsten Aufwand gehört die Empfehlung: Veränderung der sozialen Anlage, zum kleinsten Zwang bzw. Widerstand gehören Fakten: das Gleichheitsprinzip, das Sittengesetz (Art. 2(1) GG), das persönliche Gewissen, das jüdisch-christliche Gebot (Bibel, Mt 22,36-39/ 23,23). Sowohl inhaltlich als auch formal erweist sich das Prinzip der kleinsten Wirkung als *natürlich* und *universell.* In logischer Erweiterung der Kausalität(!) stellt es eine Komplementarität dar (Stategie-Ziel), soll als primäres Prinzip folglich gelten (letzter Absatz 9.4.3) - als neues Paradigma auch für Ethik, Politik bzw. Parteiarbeit.

Ohne berufliche Erfahrung gelangen Abgeordnete in die Parlamente, lassen Gesetze schreiben von Interessensvertretern, was die Demokratie untergräbt. Zwischen dem Berufsprofil der Parlamente und dem der Gesellschaft besteht ein Verhältnis, das sich zahlenmäßig erfassen und auf den einzelnen Abgeordneten übertragen lässt, in Verbindung mit der Maßzahl n_3 bzw. der Gleichung $L_M = n_1 \cdot (n_2 + n_3) \cdot j \cdot \Delta S'$ (siehe 8.3.1). Mit vernetzten Computern lässt sich Information weiterleiten, an die Mitglieder der politischen Parteien (Parlamentsparteien), deren Berufsprofil etwa dem der Bevölkerung entspricht - im Gegensatz zum Berufsprofil der gesetzgebenden Parlamente (kein dynamisches Gleichgewicht an Erfahrung bzw. Information). Als Ziel gilt das *dynamische Gleichgewicht,* quasi das eines geschlossenen Systems (menschliche Gemeinschaft), bei dem die hin- und rückfließende Energie bzw. Information ungefähr gleich ist und keiner der Sozialpartner auf Kosten des anderen lebt. Als primäre Instanz erlässt die Politik das staatliche Gesetz, das der Staat - als Denk- und Handlungsverstärker bzw. Mittel zur Freiheit - durchzusetzen hat, zum Wohle der Gesellschaft, ja der Menschheit insgesamt. Nähere Erklärungen liegen bereits vor (Strategie: *drittes* Buch, s. Literaturliste vorn).